高等院校医学实验教学系列教材

医用基础化学实验

主　编　贾振斌

副主编　刘江琴　杨仕豪

编　者　（按姓氏汉语拼音排序）

贾振斌　李　移　刘江琴

梅　俊　魏美燕　吴都督

许景秀　杨仕豪　张鹏辉

郑明彬

科学出版社

北　京

内 容 简 介

本书共有四章。第一章重点介绍了与医用基础化学实验有关的基础知识和基本操作,包括实验室常识、实验室常用仪器介绍及基本操作、实验数据处理、基础化学实验中常用仪器的基本原理和构造、正确的使用方法、操作要点等,突出强调基础化学实验基本操作的规范性;第二章为经典验证性实验内容,主要是根据临床医学、相关专业学生的培养目标及后继课程的要求,科学地和实用地选编了比较成熟的、基本技能训练效果比较好又切合课程基本要求的实验8个。为了引导学生开拓思路、综合分析,培养创新型人才,本书安排了第三章综合性实验和第四章创新性实验各4个实验,对提高学生的综合实验技能大有益处。每个实验后都附有思考题;书后附有附录,为便于实验预备室的工作,附录写有实验预备室常需查用的资料、药品、试剂的配制方法。

本书可供医学院校临床、口腔、麻醉、影像、法医及预防等专业使用,也可供相近专业的学生选用,并可供教师参考。

图书在版编目(CIP)数据

医用基础化学实验/贾振斌主编.—北京:科学出版社,2010.8

ISBN 978-7-03-028588-1

Ⅰ.医…　Ⅱ.贾…　Ⅲ.医用化学-化学实验-医学院校-教材　Ⅳ.R313-33

中国版本图书馆CIP数据核字(2010)第158704号

责任编辑:胡治国/责任校对:陈玉凤

责任印制:李　彤/封面设计:陈　敬

科学出版社 出版

北京东黄城根北街16号

邮政编码:100717

http://www.sciencep.com

北京中石油彩色印刷有限责任公司 印刷

科学出版社发行　各地新华书店经销

*

2010年8月第　一　版　　开本:787×1092　1/16

2022年7月第十二次印刷　　印张:6 1/4

字数:137 000

定价:25.00元

(如有印装质量问题,我社负责调换)

丛书编写指导委员会

总　序

随着21世纪经济与社会的发展，科学技术既向纵深发展、不断分化，又互相渗透、不断融合；同时，新兴学科与边缘学科的兴起、新技术的应用、信息量的剧增，对医学的发展产生了重大而深远的影响，这些必将促进医学教育的全面改革。实验教学作为高等教育的重要组成部分，是学生实践能力和创新能力培养的重要途径，其重要性已受到越来越广泛的关注。

目前，传统实验教学模式仍占主导地位，存在不少弊端和不足：以学科为基础构建的课程体系，忽略了生命科学的整体性、系统性；学科体系繁多，相互孤立，学科间联系不够；实验室分散，功能单一，设备重复购置，资源浪费，效率低下，调配困难；实验教学内容陈旧，手段落后，方式老化，实验内容以验证理论为主，缺少现代医学实验内容；医学生学习的积极性、主动性不强。这些明显滞后于现代医学的发展，影响教学质量，不利于大学生创新意识和实践能力的培养，难以培养出高素质、创新型的医学人才。如何改革传统的实验教学模式，培养具有创新精神、知识面广、动手能力强的新型医学人才，已成为当务之急。教育部、卫生部《关于加强医学教育工作，提高医学教育质量的若干意见》(教高〔2009〕4号)明确提出"高等学校要积极创新医学实践教学体系，加强实践能力培养平台的建设。积极推进实验内容和实验模式的改革，提高学生分析问题和解决问题的能力"，进一步明确了医学实验教学的重要性和改革的必要性。根据教育部精神，要对传统医学实验教学模式进行改革，最大限度地整合有限资源，优化重组教学实验室，依托相关学科优势，与学科建设相结合，构建开放共享的实验教学中心，力求突出和贯彻执行教育部提出的"三基"、"五性"和注重实用性的要求，以培养学生的探索精神、科学思维、实践能力和创新能力。构建新型的医学实验教学体系，要求我们从根本上改变实验教学依附于理论教学的观念，理论教学与实验教学要统筹协调，既有机结合又相对独立，建立起以能力培养为主线，分层次、多模块、相互衔接的实验教学体系。

以教学内容和课程体系改革为核心、培养高素质、创新型人才为目标，科学整合实验教学内容，打破既往学科框架，按新构建的科学体系，编写适合创新性实验教学体系的配套实验教材已显非常迫切。在科学出版社的大力支持下，丛书编委会以广东医学院为主体，协同重庆医科大学、中山大学等全国33所高等医药院校相关专业的167名专家、教授共同编写了这套实验教学系列教材。全系列教材共26本，分别是《医学物理学实验》《医用基础化学实验》《医用有机化学实验》《系统解剖学实验》《医学机能学实验教程》《病原生物学与医学免疫学实验》《生物化学与分子生物学实验指导》《病理学实习指南》《计算机应用基础上机与学习指导》《预防医学实习指导》《卫生统计学实习指导》《流行病学实习指导》《临床营养学实习指导》《营养与食品卫生学实习指导》《毒理学基础实习指导》《环境卫生与职业卫生学实习指导》《健康评估实验指导》《护理学基础实验指导》《内科护理学实验指导》《外科护理学实验指导》《妇产科护理学实验指导》《儿科护理学实验指导》《药理学实验教程》《药学实验指导》《临床免疫学检验实验》《核医学实验教程》。

本系列实验教学规划教材是按照教育部国家级实验教学示范中心的要求组织策划，根据专业培养要求，结合专家们多年实验教学经验，并在调研当前高校医药实验室建设的实际情况基础上编写而成，充分体现了各学科优势和专业特色，突出创新性。同时借鉴国外同类实验教材的编写模式，力求做到体系创新、理念创新。全套教材贯彻了先进的教育理念和教学指导思想，把握了各学科的总体框架和发展趋势，坚持了理论与实验结合、基础与临床结合、经典与现代结合、教学与科研结合，注重对学生探索精神、科学思维、实践能力的培养，我们深信这套教材必将成为精品。

本系列实验规划教材编写对象以本科、专科临床医学专业为主，兼顾预防、基础、口腔、麻醉、影像、药学、中药学、检验、护理、法医、心理、生物医学工程、卫生管理、医学信息等专业需求，涵盖全部医学生的医学实验教学。各层次学生可按照本专业培养特点和要求，通过对不同板块的必选实验项目和自选实验项目相结合修选实验课程学分。

由于医学实验教学模式尚存在地区和校际间的差异，加上我们的认识深度和编写水平有限，本系列教材在编写过程中难免存在偏颇之处，敬请广大医学教育专家谅解，欢迎同行们提出宝贵意见。

丛书编写指导委员会

2010年6月

前　言

化学是一门实验性科学，其实验占有十分重要的地位。它可为学生提供感性认识和理论印证，让学生掌握正确的实验操作方法与基本技能，培养学生独立思考、独立工作的能力，以及严谨的科学作风和实事求是的科学态度。随着高等医药院校基础化学教学的发展和教学实践的需要，为了全面推行素质教育，我们编写了这本《医用基础化学实验》，供五年制医学院校的临床、口腔、麻醉、影像、法医及预防等专业使用。

本书以基础化学教学大纲为依据，以我院长期开设的实验为基础，参照全国医药院校的教学现状，结合多年的教学实践经验，经反复讨论后共同确定的。全书共分四章，包括医用基础化学实验基础知识和基本操作、经典验证性实验、综合性实验和创新性实验。在内容上重点放在加强基本操作和基本技能的训练，掌握基础知识是注重培养学生独立思考和独立工作能力，加强启发性。书中对实验的基本原理作了纲要提示，每个实验内容后都附有思考题，便于学生在预习和实验时联系理论进行思考。为了便于查阅，书中还将基础化学实验中的基本操作方法、常用仪器的使用方法、实验误差与数据处理等集中编于实验部分之前；本教材均采用法定计量单位。

由于编者水平有限，书中错误和不妥之处在所难免，恳请广大读者批评指正。

编　者

2010年4月

目　　录

第一章 实验基础知识和基本操作

第一节 实验室常识

医用基础化学实验是医学化学教学的重要环节，也是医学后续课程的基础知识和基本技能。通过实验观察，认识和理解化学反应事实，验证和巩固基础化学的基本理论；掌握实验的基本操作和基本技能；了解实验设计的基本原则，熟悉、正确观察现象，处理数据和报告实验结果。培养学生的独立分析、独立思维和独立工作的能力；培养学生严谨的科学态度、严格的方法和严谨的工作作风。这些能力的培养是学生今后工作和科学研究的基础。这就要求同学们不仅对实验课予以高度重视，而且要具备正确的学习态度和学习方法，并且要创造良好的实验环境。

一、实验室规则

(1) 遵守实验室纪律和规章制度。实验期间不得借故外出或迟到、早退，尊重教师的指导。

(2) 实验过程中要保持安静，不得进行任何与实验无关的活动。

(3) 爱护仪器、设备，节约水电药品。凡损坏或丢失仪器，必须及时报告教师，按有关规定处理。

(4) 各组的实验仪器和药品，由本组使用，不得在别组挪用或调换，以免引起混乱。

(5) 实验过程中要仔细观察实验现象，如实记录、认真思考和分析问题，根据实验结果写出实验报告。

(6) 随时保持实验工作台面的整洁。火柴棒、用过的纸片等废品应丢入废物缸(或桶)内，严禁扔入水槽或水池内，养成良好的工作习惯。

(7) 实验完毕，应认真清洗仪器、整理好药品试剂，做到实验室清洁。关好水、电、门、窗。

(8) 严禁将实验室的任何物品带出实验室。

二、实验室安全守则

(1) 浓酸和浓碱具有很强的腐蚀性，切勿溅落在皮肤或衣物上，尤其注意不要溅入眼内。

(2) 使用易燃的有机溶剂(乙醇、乙醚、苯、丙酮等)，一定要远离火源，用后一定要将瓶盖盖紧，放在阴凉的地方。

(3) 制备具有刺激性、恶臭、有毒的气体(H_2S、Cl_2、CO、SO_2、Br_2等)或能够产生这些气体的反应，以及加热或蒸发盐酸、硝酸、硫酸时，应在通风橱内进行。

(4) 有毒的可溶性钡盐、镉盐、铅盐、砷和铬(Ⅵ)的化合物，特别是氰化物，不得进入口中或接触伤口，其废液不能倒入下水道，应统一回收后处理。

(5) 汞易挥发，吸入体内会积累引起慢性中毒，所以应保存在水中。一旦洒落，应尽可能的回收并用硫磺粉覆盖，使汞反应生成不挥发的硫化汞。

(6) 加热试管时，试管口不能对着自己或他人，也不能俯视正在加热的液体或正在反应的容器。

(7) 使用电学、光学仪器，必须在教师的指导下操作。掌握使用方法和注意事项后，方能独立使用，用后必须整理还原。

(8) 使用酒精灯时，应随用随点。绝对不能用已点燃的酒精灯去点燃其他酒精灯。不用时立即盖上灯罩，切不要吹熄。

(9) 如果发生意外事故，应立即报告教师，及时采取相应措施。

(10) 实验结束后，值日生应负责进行全面检查后方能离开实验室。

三、实验室中意外事故的紧急处理

1. 割伤 轻者于患处涂以紫药水或敷以创可贴；重者采取必要的止血措施(用橡皮管做止血带在创口上端扎紧)，然后送医院治疗。

2. 烫伤 切勿用水冲洗，应立刻敷以烫伤膏或獾油；若轻度烫伤，且表面皮肤不破溃又无烫伤药物时，可立即冷敷或冷水冲洗以减少局部充血。

3. 酸灼伤 立刻用大量水冲洗，再用5% $NaHCO_3$ 溶液冲洗。

4. 碱灼伤 先用水洗，然后用2%醋酸溶液洗，再用水冲洗后敷以硼酸软膏。

5. 酸(或碱)溅入眼内 应立即用大量水冲洗，并送往医院治疗。

6. 吸入有毒气体 立刻到室外呼吸新鲜空气。

7. 触电 立即切断电源，必要时进行人工呼吸。

8. 火灾 立即灭火，同时停止加热，切断电源，移走易燃易爆物品。一般的小火可用湿布、砂子、石棉布覆盖；火势较大时使用泡沫灭火器。但电器设备所引起的火灾，只能使用四氯化碳灭火器灭火，不能使用泡沫灭火器以免触电。

第二节　实验室常用仪器

常用仪器简介见表1-1。

表1-1　常用仪器

名称	规格	用途	注意事项
试管	外径×管长(mm)：有10×100、15×150…	用于反应容器和收集少量气体	可直接加热至高温，但不能骤冷
离心试管	容量(ml)：有5、10…	用于沉淀分离	不可直接在火上加热
试管架	分木质和铝质，有不同的形状和大小	承放试管	
试管夹	分木质和铁质	加热时夹持试管	
毛刷	分长、短、粗、细	洗刷玻璃仪器	小心刷子顶端铁丝戳破玻璃仪器

续表

名称	规格	用途	注意事项
烧杯	容量(ml):有50、100、250、500…	用于反应容器和配制溶液	加热时应放在石棉网上,注意不要烧干
量筒	容量(ml):有5、10、25、50、100…	量取一定体积的液体	不可量热溶液,不应作容器
滴瓶、细口瓶、广口瓶	容量(ml):有15、30…;分棕色、无色两种	盛放试剂:滴瓶盛放少量液体试剂;细口瓶即试剂瓶,盛放液体试剂;广口瓶盛放固体试剂;棕色瓶盛放见光易分解的试剂	使用滴瓶时,滴管吸液不能太满,也不能倒置,盛放碱液时,应改用胶塞,以免瓶塞腐蚀粘牢
滴管	短管、长管	吸取或滴加少量试剂;吸取沉淀上层清液以分离沉淀	滴加试剂时,滴管应保持垂直,切忌倒置;管尖不可接触容器内壁
药匙	牛角质、塑料质、不锈钢质	取用固体试剂	必须保持干净,且不能取灼热药品
称量瓶	容量(ml): 高型有:10、20、25… 矮型有:5、10、15、30…	高型称量瓶用于准确称取一定量固体试剂;矮型称量瓶用作测定水分或在烘箱中烘干基准物	瓶和盖必须配套,不能弄乱;烘烤时,不能盖紧磨口塞
锥形瓶	容量(ml):有50、200、250	作反应器、常用于滴定操作	不可直接在火上加热
洗瓶	塑料质,以容量(ml)表示	装蒸馏水,用于洗涤沉淀或容器,滴定分析中,吹洗锥形瓶内壁	装蒸馏水时,瓶盖不能乱放
蒸发皿	上口直径(mm):有30、40、50、60、80、95… 容量(ml):有100、125	蒸发液体	能耐高温,但不宜骤冷
石棉网	用铁丝编成,中间涂有石棉;有大小之分	不能用火直接加热时用,使受热均匀	不能与水接触,不可卷折
研钵	有瓷、玻璃、玛瑙等质,以口径大小表示	研磨固体或固体物混合时用	不作反应容器,只能研磨,不能敲击
三角架	铁制,有大小高低之分	放置加热容器	
泥三角	用铁丝弯成,套有瓷管,有大小之分	灼热坩埚	不能摔落,铁丝断裂的不能用
铁夹、铁环、铁架		固定、放置反应器;铁环可代替漏斗架	防止铁锈落于容器中
漏斗	直径(mm):有30、40、60、100… 分长颈、短颈	长颈用于定量分析,过滤沉淀,短颈用作一般过滤和倾注液体	过滤时,漏斗颈尖端必须紧靠承接滤液的容器内壁
点滴板	瓷质,有黑,白二种	用于点滴反应	白色沉淀用黑色板,有色沉淀用白色板
干燥器	以外径(mm)大小表示,分普通和真空两种	内放干燥剂,保持物品干燥	防止盖子滑动而打碎;热的物品待稍冷后再放入
吸滤瓶	容量(ml):有500、1000…	减压过滤用	
布氏漏斗	以直径(mm)表示:有50、100、200…	减压过滤用	滤纸要略小于漏斗的内径
水泵		减压	先开水泵后过滤,过滤完毕,应先分离水泵与吸滤瓶连接处,后关水泵

仪 器	规 格	用 途	注意事项
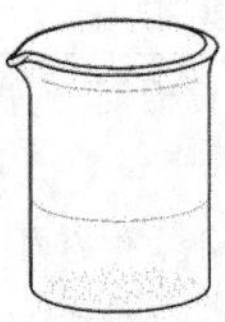 烧杯 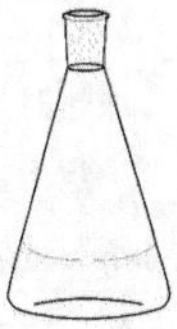 三角烧杯	以容积(单位:ml)表示。 容量/ml:1、5、10、15、25、100、250、400、600、1000、2000	用作配制溶液时的容器或简易水浴的盛水器	加热时杯内待加热溶液体积不要超过总体积的 2/3;应放在石棉网上,使其受热均匀,一般不可烧干
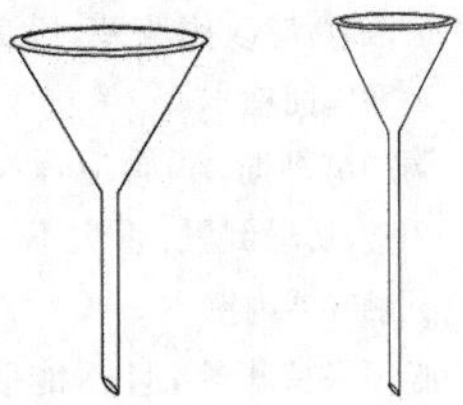 漏斗	锥体角均为 60°;规格以口径(单位:mm)表示。长颈/mm:口径 30、60、75;管长 150 短颈/mm:口径 50、60;管长 90、120	长颈流都用于定量分析过滤沉淀;短颈用于一般过滤	不能用火加热;根据沉淀量选择漏斗大小;过滤时滤纸应低于上沿约 2~3mm
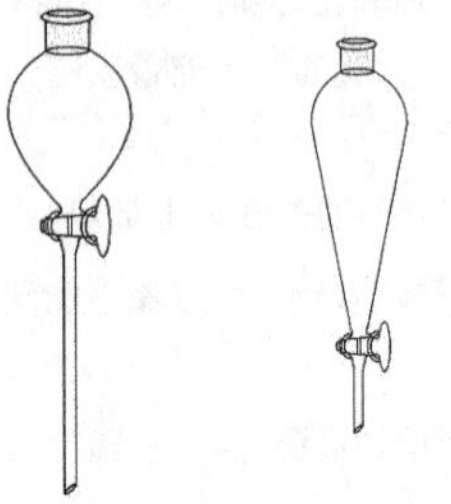 分液漏斗	以容积(单位:ml)表示。 容量/ml:50、100、250、1000 刻度,无刻度	分开两相液体,用于萃取分离和富集	不能加热,磨口必须原配;活塞要涂凡士林;当充分摇动后要马上放出逸出的蒸汽,防止冲开活塞;长期不用时磨口处垫一张纸
 抽滤瓶和布氏漏斗	抽滤瓶以容积(单位:ml)表示。 布氏漏斗或砂芯漏斗以容积或口径(单位:ml)表示	抽滤时接受滤液	不能用火加热
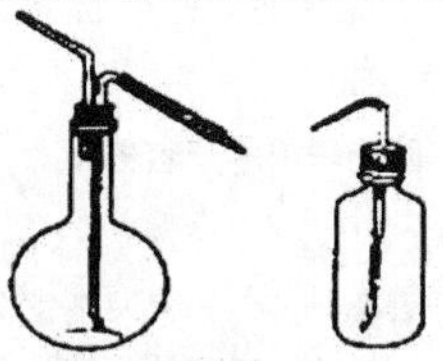 洗瓶	以容积(单位:ml)表示	装蒸馏水,洗涤仪器	可用平圆底烧瓶自制
 量筒 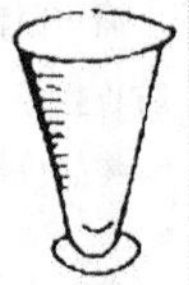 量杯	以容积(单位:ml)表示。 容量/ml:10、20、50、100、200 等	粗略地量取一定体积的液体	不能量取热的液体,不能加热,不可用作反应容器,不能在烘箱中烘,不能盛放热溶液;操作时要沿壁加入或倒出

续表

仪器	规格	用途	注意事项
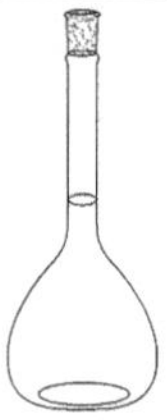 容量瓶	规格以容积(单位：ml)表示。 容量/ml：25、50、100、250、1000和3000等	配制准确体积达标准溶液或被测溶液	不能烘烤或直接加热，可用水浴加热；瓶的磨口瓶塞使用不能互换
 滴定管	规格以容积(单位：ml)表示。常用酸式、碱式滴定管的容积为50ml	容量分析滴定操作	活塞要原配；不能加热或量取热的液体；酸、碱滴定管不能互换使用；不能存放碱液
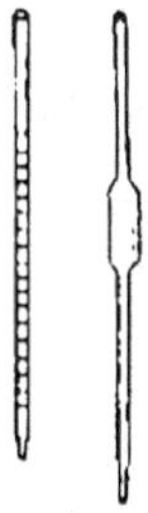 吸量管、移液管	规格以容积(单位：ml)表示。 容量/ml：1、2、5、10、25、50等	准确地移取液体	不能加热
 称量瓶	分高型和矮型。 规格以外径(单位：mm)×内径(单位：mm)表示	高型用于称量样品；低型用于烘样品	不能直接用火加热；盖与瓶配套，不能互换；烘烤时不可盖紧磨口；称量时不可直接用手拿取，应带指套或垫洁净纸条拿取
 试剂瓶、细口瓶、广口瓶	带磨口塞，有无色和棕色。规格以容量(单位：ml)表示	细口瓶用于存放液体试剂；广口瓶用于装固体试剂；棕色瓶用于存放怕光试剂	不能加热；不能在瓶内配制液体；放碱液的瓶子应用橡皮塞，防止瓶塞被腐蚀粘牢
 滴瓶	有无色和棕色。规格以容量(单位：ml)表示	装需滴加之试剂	不要将溶液吸入橡皮头内

续表

仪 器	规 格	用 途	注意事项
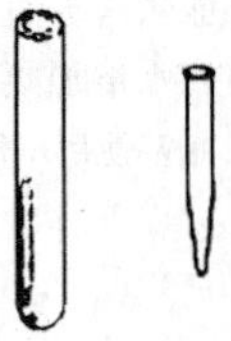 试管、离心管	玻璃质量。分硬质试管，软质试管，普通试管，离心试管	少量试剂的定性检验；离心分离	硬质玻璃的试管可直接在火上加热；离心试管只能在水浴上加热
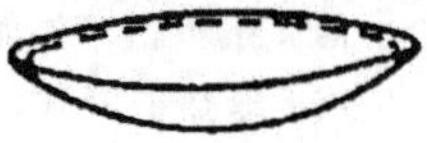 表面皿	规格以口径（单位：mm）表示	盖玻璃烧杯及漏斗等，防止液体迸溅或其他用途	不可直接加热；直径要大于所盖容器
 研钵	用瓷、玻璃、玛瑙、或金属制成。 规格以口径（单位：mm）表示	研磨固体试样及试剂	不能撞击，不能烘烤或用火直接加热；研磨时只能碾碎；不能研磨易爆物质
 干燥器	分普通干燥器和真空干燥器。 规格以上口径（单位：mm）表示	保存烘干及灼烧过的物质的干燥；干燥制备的物质	盖磨口要涂适量凡士林；不可将炽热物体放入；放入物体后要间隔一定时间开盖
 蒸发皿	规格以口径（单位：mm）或容量（单位：ml）表示；瓷质，也有玻璃、石英或金属制成	蒸发浓缩液体用	能耐高温，但不宜骤冷。蒸发溶液时一般放在石棉网上，也可直接用火加热
 坩埚	规格以容积大小（单位：ml）表示；瓷质，也有玻璃、石英或金属制成	用于灼烧固体	灼热的坩埚不可直接放在桌上，可放在石棉网上
 点滴板	透明玻璃质、瓷质。分黑釉和白釉两种。 按凹穴的多少分有四穴、六穴、十二穴等	用作同时进行多个不需分离的少量沉淀反应的容器	不能加热；不能用于含氢氟酸溶液和浓碱液的反应
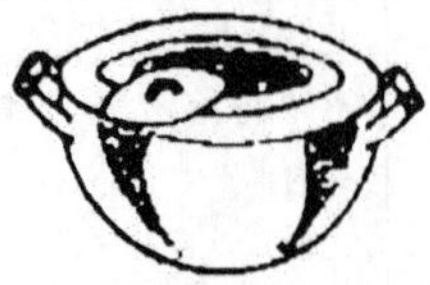 水浴锅	铜或铝制品	用于间接加热。也可用作粗略控温实验	加热时防止锅内水烧干；用后应将水倒出，洗净，擦干

续表

仪器	规格	用途	注意事项
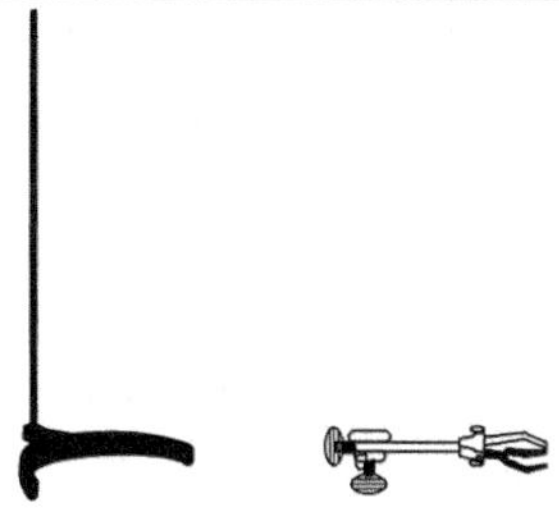 铁架台、铁夹（烧瓶夹）	铁制品。烧瓶夹也有铝制或铜制的	用于固定或放置反应容器	使用前检查各旋钮是否可旋动；使用时仪器的重心应处于铁架台底盘中部
 三角架	铁制品；有大小高低之分	放置较大或较重的加热容器，作仪器的支撑物	
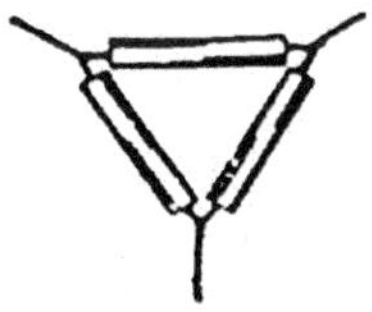 泥三角	用铁丝弯成，套以瓷管；有大小之分	灼烧坩埚时放置坩埚用	铁丝已断裂的不能使用；灼热的泥三角不能直接置于桌面上
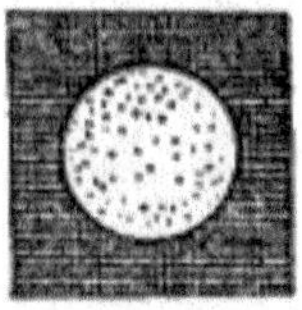 石棉网	由铁丝编成，中间涂石棉；规格以铁丝网边长表示	加热时垫在受热仪器与热源之间，能使物体均匀受热	用前检查石棉是否完好，石棉脱落的不能使用；不能与水接触或卷折
 坩埚钳	金属制品；通常以长度表示规格	夹持坩埚加热，或往热源中取放坩埚	使用前钳尖应预热；用后钳尖应向上放在桌面或石棉网上
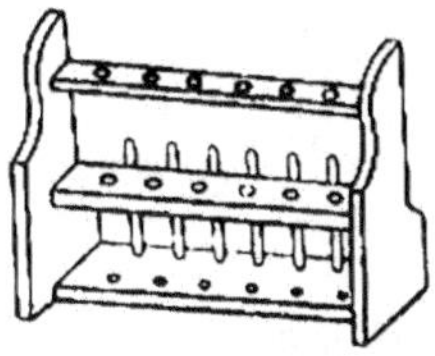 试管架	有木质、铝制和塑料质等有大小不同、形状不一的各种规格	盛放试管	加热后的试管应以试管夹夹好悬放架上
 试管夹	由木料或粗金属丝、塑料制成，形状各有不同	夹持试管	防止烧损和锈蚀

续表

仪器	规格	用途	注意事项
 毛刷	以大小和用途表示	洗刷玻璃器皿	使用前应检查顶部竖毛是否完整，避免顶端铁丝戳破玻璃仪器
 药勺	由牛角或塑料制成；用长短表示规格	取固体药品用	不能取用灼热的药品；用后应洗净擦干备用

第三节　化学试剂的一般知识

一、化学试剂的规格

关于化学试剂规格的划分，各国不一致。我国常用试剂等级的划分参见表 1-2。

表 1-2　我国的试剂规格及用途

国家标准	优(质)级纯(保证试剂)GR	分析纯 AR	化学纯 CP	实验纯 LR
等级	一级品(Ⅰ)	二级品(Ⅱ)	三级品(Ⅲ)	四级品(Ⅳ)
标志	绿色标签	红色标签	蓝色标签	黄色标签
用途	精密分析及科研工作	一般的分析及科研工作	厂矿的日常控制分析及教学实验	实验中的辅助试剂及制备原料

除上述四个等级外，还根据特殊需要而定出相应的纯度规格，如供光谱分析用的光谱纯(高纯试剂)、供核试验及其分析用的核纯等。

对于不同的试剂，各种规格要求的纯度标准不同。但总的来说，优级纯试剂杂质含量最低，实验试剂杂质含量较高。应根据实际工作的需要，选用适当等级的试剂，既满足工作要求，又符合节约原则。

二、化学试剂的选用

实验时根据实验的要求，例如分析方法的灵敏度和选择性、分析对象的含量及对分析结果准确度的要求等，合理地选用相应级别的化学试剂。由于不同规格的同一种试剂价格相差很大，因此，在满足实验要求的前提下，选用试剂的级别应就低不就高，以免造成浪费。试剂的选用要考虑以下几点：

(1) 滴定分析中常用的标准溶液，一般先用 AR 试剂粗配，再用工作基准试剂进行标定。在对分析结果要求不是很高的实验中，也可用 GR 或 AR 试剂替代工作基准试剂。滴定分析中所用的其他试剂一般为分析纯的。

(2) 就主体含量而言，GR 和 AR 相同或相近，只是杂质含量不同。如果实验对所用试剂的主体含量要求高，例如常量化学分析，则应选用 AR 试剂；如果对所用试剂的杂质含量要求严格，则应选用 GR 试剂。

(3) 仪器分析实验中一般选用 GR、AR 或专用试剂，测定痕量成分时应选用高纯试剂。

(4) 如果现有试剂的纯度不能达到某种实验要求时，往往进行一次至多次提纯后再使用。常用的提纯方法有蒸馏法（液体试剂）和重结晶法（固体试剂）。

(5) 有机化学实验离不开有机溶剂及试剂，溶剂不仅作为反应介质，在产物的纯化和后处理中也经常使用。市售的有机溶剂、试剂有工业级、化学纯和分析纯等各种规格，纯度愈高，价格愈贵。在有机合成实验中，常常根据反应的特点及要求，选择适当规格的溶剂和试剂，以便使反应能够顺利地进行。某些有机反应对溶剂和试剂的要求较高，即使微量杂质或水分的存在，也会影响反应的速率、产率，甚至影响实验的成败。因此，了解有机反应中常用溶剂、试剂的性质和纯化方法也是十分重要的。

三、化学试剂的保管

化学试剂保管不当，就会失效变质，影响实验的效果，并造成物质的浪费，甚至有时还会发生事故。因此，科学地保管好试剂对于保证实验顺利进行，获得可靠的实验数据具有非常重要的意义。化学试剂的变质，大多数情况是因为受外界条件的影响，如空气中的氧气、二氧化碳、水蒸气、空气中的酸碱性物质以及环境温度、光照等，都可使化学试剂发生氧化、还原、潮解、风化、析晶、稀释、锈蚀、分解、挥发、升华、聚合、发霉、变色以及燃爆等变化。

（一）储藏条件对化学试剂的影响

1. 空气中各种成分的影响

(1) 氧化、还原性物质：空气中除氧气外，有时还含有二氧化氮、二氧化硫、硫化氢和溴蒸气等。无机试剂中的大多数低价离子，如二价铁离子、二价锡离子等活泼金属以及有机试剂中具有还原性的化合物都很容易被空气中的氧化性物质所氧化；无机试剂中的强氧化剂则容易被空气中的还原性物质所还原。这一因素的影响会使试剂降低或丧失其原有的氧化、还原能力。

(2) 二氧化碳：二氧化碳是酸性氧化物，与空气中的水蒸气形成碳酸。它很容易被碱（如氢氧化钠、氢氧化钙、丁二胺等），强碱弱酸盐（砷酸钠、硅酸钠），能与碳酸形成难溶碳酸盐的化合物（如钙、锶、钡、铅、镁、镉盐等），以及某些有机试剂所吸收。因此，具有上述性质的试剂若封装不严，就会被二氧化碳侵蚀而变质。

(3) 酸碱性气体：试剂瓶口封装不严或实验中产生的酸碱性气体，如硫化氢、氯化氢、二氧化硫、二氧化氮及氨气等，均可与空气中的水蒸气结合，形成酸性或碱性雾滴，附着在试剂瓶上，使试剂受到沾污。

(4) 水蒸气：空气中水蒸气含量太高时，干燥剂、容量分析的基准物质很容易受潮而不能使用。某些物质，如卤化物、硝酸盐、碳酸盐和柠檬酸盐等容易吸水潮解，有的还会发生水解而难于复原。过硫酸铵吸湿水解后放出氧气而失去其氧化性；硫化钠吸湿后变为液体并放出硫化氢；无水三氯化铝水解后变成氢氧化铝并产生盐酸等。

但空气过于干燥时，某些含结晶水的试剂很容易发生风化，使试剂变成粉末。因此室内的湿度对试剂的储存也是一个重要条件。

2. 温度的影响 温度对试剂的影响很大，一般情况下，温度越高，试剂越容易变质，尤其有机试剂受温度影响更大。如低分子量的醇、醚、醛、酮、酯类、苯及其衍生物、硝基化合物等有机试剂，以及盐酸、硝酸和氨水等受热时极易挥发，又如甲基丙烯酸甲酯、苯乙烯、丙烯酸等，超过−10℃时就会发生聚合或变质，必须低温冷藏。易燃物质的环境温度当超过它的闪点时，就会引起燃烧。过氧化物温度较高时，会引起分解而发生爆炸，最好存放于冰箱中。

3. 光的影响 当试剂受到光(特别是紫外线)的作用时，可以发生分解反应、氧化还原反应或自身氧化还原反应。如，银的氧化物和盐类、高汞和亚汞的氧化物、卤化物(除氟外)以及其盐类。因此，很多试剂要装在棕色瓶中保存，因为棕色瓶有吸收紫外线的作用，可以防止光线对试剂的影响。

(二) 保存试剂的一般要求

(1) 实验室里应尽量不存放或少存放化学试剂，这样，既防止试剂挥发物对实验室的污染，也避免化学实验产生的物质对化学试剂的影响。尽量能有专室存放化学试剂。

(2) 化学试剂要放置在能防尘、防止各种蒸汽或气体沾污和侵蚀的专用玻璃试剂柜里。要按试剂的性质分类存放。

(3) 室内要保持一定的温度和湿度。要避免强光照射，要有良好的排风设备。

(4) 对存放的试剂要经常检查瓶上的标签是否完好，字迹是否清楚。如有脱落或模糊，应及时更换。

(5) 室内应备齐防火器材和砂箱。

(三) 各种危险品的存放要求及注意事项

(1) 易燃液体主要是有机溶剂，如乙醇、乙醚、丙酮、二硫化碳、苯、甲苯、汽油等。它们极易挥发成气体，遇明火即燃烧。这些液体应单独存放，要注意阴凉、通风，特别要注意远离火源。

易燃固体无机物中的硫黄、红磷、镁粉和铝粉等，着火点都很低，存放处应通风、干燥。白磷在空气中可自燃，应保存在水里，放置于避光、阴凉处。要经常检查瓶中的水量，防止水分蒸发使白磷露出水面。

(2) 遇水燃烧爆炸的物质金属钾、钠、钙、电石和锌粉等，可与水剧烈反应，放出可燃性气体，极易引起爆炸。钾、钠应保存在煤油里。电石、锌粉应放在干燥处。这些物质的存放应与易燃物、强氧化剂等隔开。长时间不用时，应将其密封保存，并将盛装这些物质的容器放在用水泥或砖砌成的槽内。

(3) 强氧化剂这类试剂包括过氧化物(过氧化氢、过氧化钠、过氧化钡)。强氧化性的含氧酸(高氯酸)及强氧化性的含氧酸盐(硝酸盐、氯酸盐、重铬酸盐、高锰酸盐)。当受热、撞击或混入还原性物质时，就可能引起爆炸。存放时，一定不能与可燃物、易燃物以及还原性物质放在一起，存放处应阴凉、通风。

(4) 强腐蚀剂强酸、强碱、液溴、三氯化磷、五氧化二磷、无水三氯化铝及氨水等，对人体的皮肤、黏膜、眼、呼吸器官及金属等有极强的腐蚀性。存放时，应与其他试剂隔开，放置在用抗腐蚀性材料(耐酸水泥或耐酸陶瓷)制成的架子上，料架不能太高，以保证取放安全、方便。

(5) 毒品氰化物、三氧化二砷或其他砷化物、二氯化汞(升汞)等，均为剧毒性试剂，侵入消化道极少量即可引起中毒致死。应锁在固定的铁柜中，并由专人负责保管。可溶性铜盐、钡盐、铅盐、锑盐也是毒品，也应妥善保管。

第四节　基础化学实验基本操作

一、常用玻璃仪器的洗涤与干燥

(一) 洗涤

玻璃仪器是否干净，直接影响着实验结果的准确性，必须将仪器洗涤干净。

洗涤仪器的方法很多，主要根据实验的要求、污物的性质和沾污的程度来选用。附在仪器上的污物，一般为尘土或其他不溶性物质、可溶性物质、油污和其他有机物。针对这些情况，可分别采用下列洗涤方法。

1. 水刷洗　借助毛刷用水刷洗，可除去仪器的灰尘，可溶性物质和其他不溶性物质。刷洗时应注意，不能用力过猛，或用秃顶的毛刷刷洗，否则会戳破仪器。但此法洗不去油污和有机物。

2. 去污粉、肥皂或合成洗涤剂洗　首先将要洗涤的仪器用水湿润，然后在湿润的仪器上洒上少许去污粉或合成洗涤剂，再用毛刷刷洗，洗后用自来水冲去仪器内、外的去污粉或洗涤剂，最后，再用少量蒸馏水冲洗 3 次，以洗去自来水中带来的钙、镁、铁、氯等离子。若油垢和有机物仍洗不干净，可再用热碱液洗。但因磨擦将有损于玻璃，所以对于定容容量的仪器，如：容量瓶、移液管、吸量管、滴定管等不可用它来刷洗。

3. 铬酸洗液洗　进行精确的定量实验时，或遇到一些小、管细的仪器很难用前述方法刷洗时，可用铬酸洗液洗。洗涤时，尽量去掉仪器内的水，加入少量洗液，使仪器倾斜并慢慢转动，让洗液全部湿润内壁。洗液在仪器内壁流动几次后再将洗液倒回原瓶内，然后用自来水将仪器上的残留洗液冲洗干净，最后用少量蒸馏水冲洗 3 次。洗液可反复使用，直至变为绿色溶液为止。

铬酸洗液配制方法：在台秤上称取研细的重铬酸钾（又称红矾钾）5g 置于 250ml 烧杯内加水 20ml，加热使其溶解，冷却后，再慢慢加入 80ml 浓硫酸（边搅边加）。配好的洗液应为深褐色，贮于磨口塞瓶中，密塞备用。并且要防止被水稀释。

(二) 干燥

洗净的玻璃仪器如需干燥可以采取以下方法：

1. 晾干　不急用的、要求一般干燥的仪器，可将洗净后的仪器倒置在干净的实验柜内或仪器架上，任其自然晾干。

2. 烘干　洗净的仪器亦可放在电烘箱内烘干，温度控制在 105℃左右。烘前应尽量把水倒干，玻璃塞应从仪器上取下来放在一旁烘，以免烘干后卡住而取不下来。

3. 烤干　烧杯、蒸发皿都可以放在石棉网上用小火烤干。试管可直接在酒精灯的火焰上烤干，但试管口应稍向下倾斜，从底部烤起，无水珠时再把试管口向上，以便把水汽赶净。

4. 吹干　急用的仪器或不能用烘干方法干燥的仪器可以吹干。方法是先倒出水分，再用电吹风吹干，先用冷风吹 1～2 分钟，再用热风吹至干燥，最后用冷风吹干。

(三) 干燥器的使用

普通干燥器结构见图 1-2(a)所示,上面是一个磨口边的盖子(边上涂有凡士林),底部放有无水氯化钙、变色硅胶、浓硫酸等干燥剂,干燥剂的上面放一个带孔的圆形瓷盘,以存放需干燥或保持干燥的物品。

干燥器是保持物品干燥的仪器,所以凡已干燥但又易吸水或需长时间保持干燥的固体都应放在干燥器内保存。

打开干燥器时,不应把盖子往上提,而应将一只手扶住干燥器,另一只手从相对的水平方向小心移动盖子即可打开见图 1-2(b),打开后盖子斜靠在干燥器旁,谨防滑动。放入或取出物品后,按同样方法盖严,使盖子磨口边与干燥器吻合。

搬动干燥器时,必须用两手的大拇指按住盖子,以防滑落而打碎。

(a) (b)

图 1-2 干燥器(a)及其使用(b)

当长期存放物品或在冬天时,磨口上的凡士林可能凝固而难以打开,那么可以用热的湿毛巾温热或电吹风热风吹干燥器的边缘,使凡士林融化,再打开盖子。

二、化学试剂的取用方法

(一) 固体试剂的取用

要用清洁、干燥的药匙取用。药匙最好专匙专用,否则必须擦拭干净后方可取另一种药品;多取的药品不能倒回原瓶,可放在指定的容器中供他人使用。一般的固体试剂可放在干燥的纸上称量,具有腐蚀性或易潮解的固体应放在表面皿或玻璃容器内称量;固体颗粒较大时,可在清洁干燥的研钵中研碎;有毒药品要在教师指导下取用;往试管中加入固体试剂时,应用药匙或干净的对折纸片装上后伸进试管约 2/3 处,加入块状固体时,应将试管倾斜,使其沿管壁慢慢滑下,以免碰破管底。

(二) 液体试剂的取用

(1) 从试剂瓶中取出液体试剂,用倾注法。取下瓶盖仰放桌面,右手握住试剂瓶上贴标签的一面,倾斜瓶子,让试剂慢慢倒出,沿着洁净的试管壁流入试管或沿洁净的玻棒注入烧杯中。然后将试剂瓶边缘在容器壁上靠一下,再加盖放回原处。如图 1-3 所示。

(2) 从滴瓶中取用液体试剂,要用滴瓶中的滴管。使用时,提出滴管,使管口离开液面,用手指紧捏滴管上部橡皮胶头,赶出空气,然后伸入滴瓶中,放开手指,吸入试剂;若用滴管从试剂瓶中取少量试剂,则需用附置于试剂瓶旁的专用滴管取用。将试剂滴入试管中时,必须将它悬空地放在靠近试管口的上方,然后挤捏橡皮胶头,使试剂滴入管中。不得将滴管伸入试管中,在使用过程中应保持滴管垂直,避免倾斜、倒立,以防试剂流入胶头,腐蚀胶头。如图 1-4 所示。

(3)定量取用液体试剂时,用量筒或移液管。多取的试剂不能倒回原瓶。

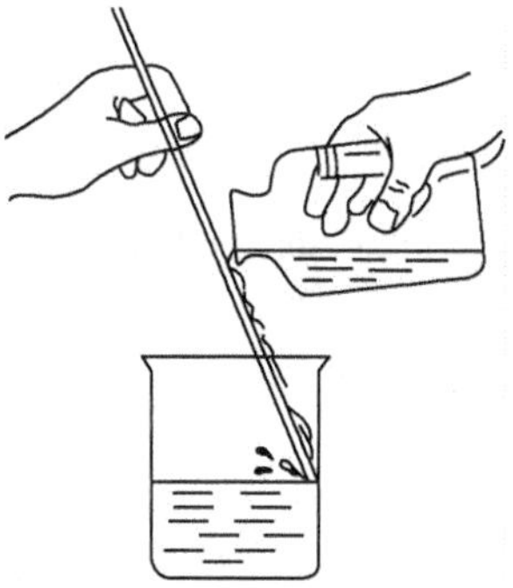

图 1-3　从试剂瓶中取液体试剂

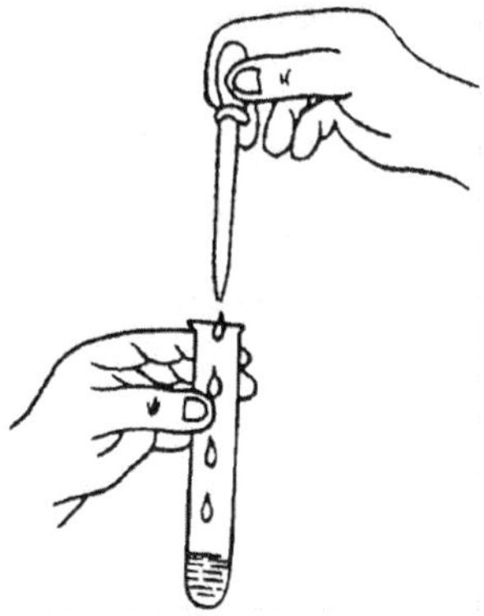

图 1-4　用滴管取用试剂及加入试管中

三、加热装置与加热方法

(一) 常用加热仪器

1. 酒精灯　酒精灯一般是玻璃制的,由灯帽、灯芯、灯壶 3 部分组成。其灯焰温度通常可达 400～500℃ ,外焰温度最高,内焰次之,焰心最低。酒精灯常用于温度不需太高的实验,点燃时,切勿用点燃的酒精灯直接点火;添加酒精时,必须将火焰熄灭且加入的量不能超过灯容量的 2/3;熄灭酒精灯时必须用灯罩罩熄,切勿用嘴吹熄。

2. 平板电炉　电炉是一种用电热丝将电能转化为热能的装置。其温度高低可通过调节电阻来控制。

3. 电热恒温水浴锅　电热恒温水浴锅有两孔、四孔、六孔等不同规格。其构造分内外两层。内层用铝板制成,外壳用薄板制成,表面烤漆覆盖;槽底安装铜管,内装电炉丝用瓷接线柱联通双股导线至控制器;外形如图 1-5 所示。水浴锅恒温范围为 37～100℃,电源电压为 220V,用作蒸发和恒温加热。使用时必须先加适量的洁净自来水于锅内,也可按需要的温度加入热水,以缩短加热时间。接通电源,选择温度。配备电子式恒温器时,将“温度旋钮”顺时针调节到所需要的温度,此时为

图 1-5　电热恒温水浴锅

加热状态，绿色指示灯亮。当加热到所需温度时，红色指示灯亮，此时为恒温状态。红绿灯随体内温度的变化而转换。绿灯是指示加热器工作，红灯为恒温。工作完毕，将温控旋钮增减器置于最小值，切断电源。如果要锅内水温达100℃，作沸水蒸馏用时，可将调节旋钮调至终点。加水不可太多，以免沸腾时水溢出锅外，锅内水量不可低于1/2，不可使加热管露出水面，以免烧坏，造成漏水，漏电。该产品使用时必须将三孔插座有效接地线。

（二）几种加热方法

1. 直接加热　在较高温下不分解的溶液或纯液体可装在烧杯、烧瓶中放在平板电炉上直接加热。

2. 水浴加热　当被加热物要求受热均匀，而温度又不能超过100℃时，用水浴加热。加热温度在90℃以下时，可将盛物容器部分浸在水浴中。

3. 油浴、砂浴加热　若需加热温度为100～250℃时，可用油浴；若需加热到更高温度时可用砂浴。

（李　移）

四、溶解与结晶

（一）固体的溶解

物质的溶解可在烧杯、烧瓶或试管中进行。若固体的颗粒较大时，必须先在洁净、干燥的研钵中，小心研磨粉碎，再进行溶解。固体的颗粒越小，它跟溶剂接触的面积就越大，就越容易溶解。注意研钵中盛放固体的量不要超过研钵容量的1/3。

在烧杯中溶解固体时，常用搅拌和加热等方法来加快溶解速度。搅拌时手持玻璃棒，借助手腕的力量，使玻璃棒在液体中均匀转圈。转动速度不要过快，也不要使玻璃棒碰在烧杯壁上或底部。加热时应根据被加热物质的热稳定性，选用不同的加热方法（直接加热或水浴加热等）。

在试管中溶解固体时，可用振荡试管或加热的方法加速溶解。注意振荡时不能上下振荡，也不能用手指堵住管口来回振荡。

（二）结晶

把待提纯的物质溶解在适当的溶剂中，除去杂质后，对滤液进行蒸发浓缩。溶液浓缩到一定浓度冷却后，被纯化的物质从溶液中结晶析出，此过程称为结晶。若溶液容易发生过饱和现象，未见晶体析出时，可向溶液中加入一小粒晶体并搅动溶液或用玻璃棒摩擦器壁，以形成结晶中心，促使晶体析出。

析出晶体的颗粒大小与结晶的条件有关。如果溶液的浓度较高，溶质的溶解度随温度的下降而显著减小时，迅速冷却或加以搅拌，则析出的晶体颗粒较小，但纯度较高。若将溶液慢慢地冷却或静置，则析出的晶体颗粒较大，但纯度不高。因为连接着大颗粒晶体的间隙中包有母液和杂质，以致影响了纯度。

如果第一次得到的晶体纯度不符合要求，可往所得晶体中加入尽可能少的溶剂使其溶解，然后进行蒸发、结晶、分离。这样就会使杂质留在母液中，而被纯化物质结晶析出，如此得到的晶体一般能符合要求。这种操作过程就是重结晶。重结晶是提纯固体物质常用的重要方法之一，它适用于溶解度随温度的变化而有明显变化的物质，对于其溶解度受温度影响很小的物质则不适用。对有些物质的精制，也可能需要进行几次重结晶，才能达到纯化目的。

五、过 滤 方 法

（一）倾析法

当沉淀的比重较大或结晶颗粒较大，静置后能较快沉降至容器底部时，就可用倾析法进行沉淀的分离和洗涤。该方法是把沉淀上部的清液沿玻棒小心倾入另一容器内，如图 1-6 所示。然后往盛有沉淀的容器内加入少量洗涤剂（常用蒸馏水、酒精等），充分搅拌后，静置，让沉淀下沉，再小心倾去洗涤剂。重复操作 3 次，即可将沉淀洗净。

图 1-6　倾析法过滤

（二）常压过滤法

此法最为简便和常用，它使用普通漏斗和滤纸使沉淀和母液分离。常用普通漏斗锥体的角度应为 60°，但也有大小略为不同的，使用时要注意。滤纸按照空隙的大小分为：慢速、中速和快速 3 种，可根据实际情况选用。先把一圆形或方形滤纸对折两次成扇形（方形滤纸折叠后需剪成扇形），展开后呈圆锥形，如图 1-7 所示。然后在三层滤纸的那边撕去一小角，用食指将滤纸按在玻璃漏斗内壁上，用少量蒸馏水润湿，轻压滤纸赶走滤纸和漏斗壁间的气泡（防止气泡阻缓液体流动而减慢过滤速度），使之与漏斗紧密贴合。向漏斗中加水至滤纸边缘，若漏斗颈内部全部充满水，形成水柱，则由于液柱的重力作用牵引漏斗内液体下漏，会使过滤大为加速。若不能形成水柱，则可能是滤纸没有贴紧，或者是漏斗颈不干净所致，需重新处理。

过滤操作（见图 1-8）及其注意事项如下：

（1）滤纸的边缘要低于漏斗的边缘。在整个过滤过程中，滤液的液面要始终低于滤纸的边缘。否则，被过滤的液体会从滤纸与漏斗的间隙直接流到漏斗下面的接受容器中，导致达不到过滤的目的。此项可概括为“二低”。

（2）漏斗放在漏斗架上，漏斗颈要靠在接受容器的内壁上；引流用的玻璃棒轻轻靠在三层滤纸处；盛有待过滤溶液的烧杯尖嘴靠在倾斜的玻璃棒上。此项可概括为“三靠”。

（3）先转移溶液，后转移沉淀。转移上层清液时，要用玻棒将其引流至三层滤纸处，以防液流把滤纸冲破。注意每次转移量不能超过滤纸高度的 2/3。

（4）若需要洗涤沉淀，则待溶液转移完后，往盛有沉淀的容器中加入少量洗涤剂，充分搅拌后静置、沉降，把上层溶液倾入漏斗。如此反复 3 次以上，再把沉淀转移到滤纸上，最后再把盛沉淀的容器洗 3 次，洗涤液均转移到漏斗中去。为提高洗涤效率，应采取少量多次的原则。检查滤液中的杂质含量，可以判断沉淀是否已经洗净。

（三）减压过滤法（抽吸或抽气过滤）

此法应用一套减压过滤装置可加快过滤速度，缩短过滤时间，并把沉淀抽吸得比较干燥。此套装置是由布氏漏斗(1)、抽滤瓶(2)、安全瓶(3)和抽气泵(水泵)四个部分组成,如图 1-9 所示。

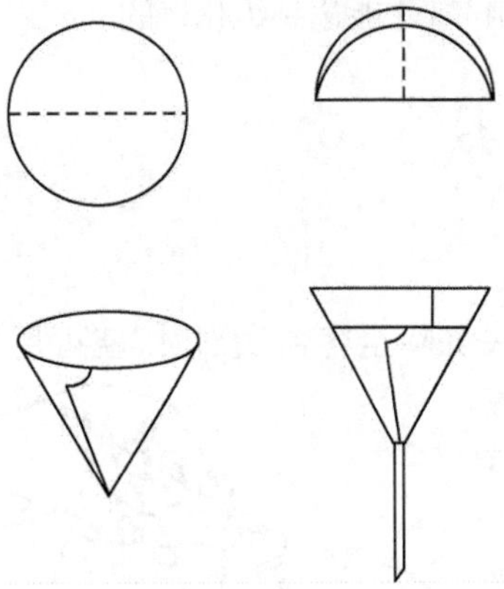
图 1-7 滤纸的折叠

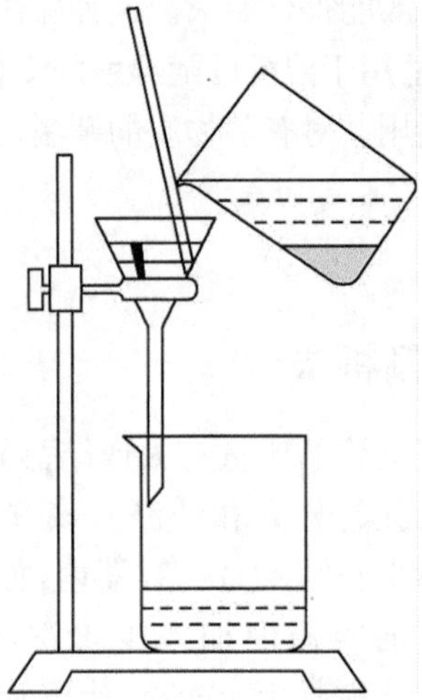
图 1-8 常压过滤操作

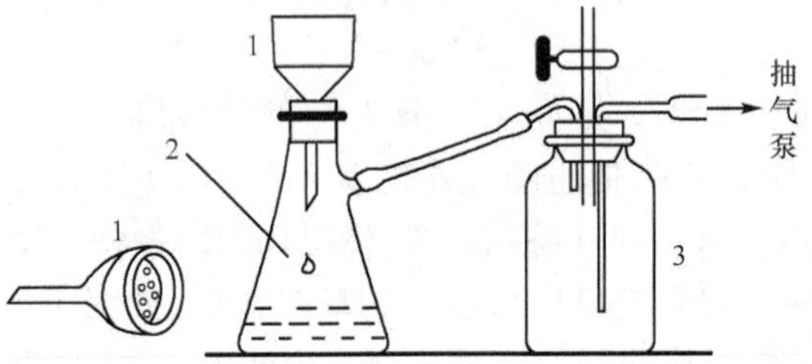

图 1-9 减压过滤装置

1. 布氏漏斗;2. 抽滤瓶;3. 安全瓶

抽滤瓶:用来接收过滤的液体,并有支管与抽气系统相连。

布氏漏斗:是带有许多小孔的瓷漏斗,要安装在橡皮塞上,橡皮塞塞进抽滤瓶的部分一般不超过橡皮塞高度的 1/2。布氏漏斗的颈口斜面与抽滤瓶的支管相对,便于吸滤。

安全瓶:安装在抽滤瓶和抽气泵之间,用以防止由于关闭抽气泵或者泵内水流速的改变引起自来水倒吸入抽滤瓶内,将滤液玷污。另外,安全瓶塞上还有一根带有旋塞的玻璃管,旋开旋塞,安全瓶内部将直接与大气相通,恢复常压状态。

抽气泵:实验室常用的是循环式真空泵,借助此泵可达到抽气减压的目的。

减压过滤就是靠抽气泵不断将抽滤瓶内的空气带走,从而使瓶内压力减小,这样就会在抽滤瓶内与布氏漏斗液面上形成一个压力差,从而提高过滤的速度。但此法不适用于胶状沉淀和颗粒太细的沉淀的过滤。因为胶状沉淀在过滤速度很快时会透过滤纸,而颗粒很细的沉淀会因为减压抽吸而在滤纸上形成一层密实的沉淀,使溶液不易透过,不仅达不到加速的目的,反而会减慢过滤速度。

减压抽滤操作及其注意事项如下:

(1) 选用的滤纸应比布氏漏斗的内径略小,但又能把瓷孔全部盖住。将滤纸平铺在漏斗底部,用少量蒸馏水润湿,开启抽气装置,使滤纸紧贴漏斗。

(2) 采取倾析法将溶液转入漏斗中,注意每次加入量不超过漏斗容量的 2/3。

(3) 等漏斗内溶液抽干后,将沉淀转移到滤纸中间,并用玻棒将沉淀铺平,继续减压抽滤,直至沉淀比较干燥为止。

(4) 抽滤过程中,严禁突然关闭抽气泵,以免自来水倒灌入抽滤瓶。

(5) 滤毕,先旋开安全瓶上的旋塞恢复常压,再关闭抽气泵。用玻棒轻轻揭起滤纸边,取出滤纸和沉淀。滤液则由抽滤瓶的上口倾出。瓶的侧口只作连接减压装置用，不要从其口倾出溶液，以免弄脏溶液。

(6) 在漏斗中洗涤沉淀时，应先旋开安全瓶上的旋塞恢复常压，然后把少量洗涤剂均匀洒在沉淀上，使之恰能盖住沉淀。静置片刻，待洗涤剂渗透沉淀，有滤液从漏斗下端滴下时，关闭安全瓶上的旋塞，重新抽气，再把沉淀尽量抽干。这样重复操作，直至符合要求为止。

(7) 有些强酸性、强碱性或强氧化性的溶液，过滤时不能使用滤纸，因为它们会与滤纸发生化学反应而破坏滤纸，可用的确良布或尼龙布来代替滤纸。对于强酸性溶液也可使用玻璃砂芯漏斗过滤，它按孔径大小分为 G-1、G-2、G-3、G-4 4 种，G-1 的孔径最大。可以根据沉淀颗粒的大小不同来选用。因为强碱会腐蚀玻璃，所以玻璃砂芯漏斗不适用于强碱性溶液的过滤。

(四) 离心分离法

当被分离的沉淀量很少时，可采取离心分离法。此法常用的仪器是电动离心机，以 TDZ4A-WS 低速自动平衡离心机为例，如图 1-10 所示。电动离心机的功能键见图 1-11，按“SPEED”键，显示屏前面的四位数字闪动即表示进入转速设置，再按“▲”或“▼”键确定离心机本次工作的转速；按“TIME”键，显示屏后面的两位数字闪动即表示进入旋转时间设置，再按“▲”或“▼”键确定离心机本次工作的离心时间；按“ENTER”键确认设定的转速和时间参数；按“START”用来启动离心机；在运行当中，如果要看离心力，按“RCF”键，就显示当时转速下的离心力，3 秒钟后自动返回到运行状态；在离心机运行时进入设置状态，如果要取消设置，按“RCF”键即返回到运行状态；“STOP”用来中途紧急停止。

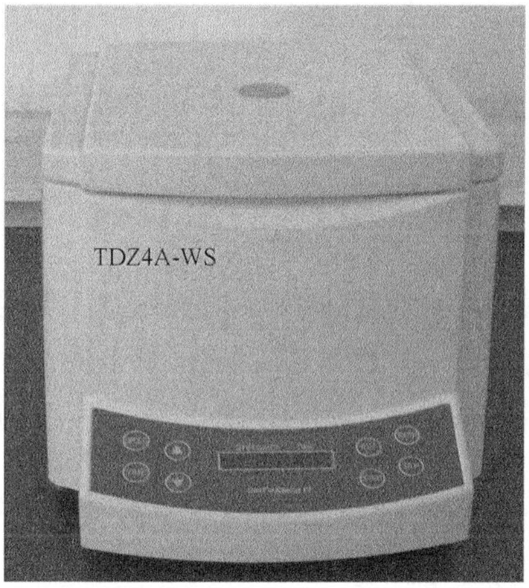

图 1-10　TDZ4A-WS 低速自动平衡离心机

图 1-11　TDZ4A-WS 低速自动平衡离心机的功能键

离心操作是将盛有沉淀和溶液的离心管放入离心机的管套内，开动离心机，沉淀受到离心力的作用迅速聚集在离心试管的尖端而和溶液分开。离心沉降后，取出离心管，用一干净吸管小心吸出上清液。如需洗涤，可往沉淀中加入 2～3 倍于沉淀量的洗涤剂，充分搅拌后，再进行离心分离。如此操作 2～3 次即可。

使用离心机时应注意：

(1) 离心管放入离心机管套中，位置要对称，重量要平衡，否则易损坏离心机。如果只有一支离心管的沉淀需要分离，则可取另一支空的离心管，盛以相应质量的水，然后把两支离心管分别装入离心机的对称套管中，以保持平衡。

(2) 离心时间和转速，由沉淀的性状来决定。一般晶形沉淀，转速每分钟 1000 转，离心 1～2 分钟即可。无定形的疏松沉淀，转速可提高到每分钟 2000 转，沉降时间要长些。如经 3～4 分钟后仍不能使其分离，则应设法(如加入电解质或加热等)促使沉淀沉降，然后再进行离心分离。

(3) 离心机开动后逐渐加速，达到设定的速度后，匀速转动数分钟，慢慢减速，直至自行停止转动。任何情况下都不允许用外力强制它停止转动。如果发现离心机转动太厉害或离心管破裂需停止使用时，要按“STOP”键，让其自然停止，然后排除故障。

(4) 离心机在运转时，不得移动离心机，不要打开机盖，防止离心管破裂或者溶液飞溅。

六、试纸的使用

试纸的种类很多，实验室常用的试纸有：醋酸铅试纸、淀粉-碘化钾试纸、pH 试纸。

(一) 醋酸铅试纸

用以定性检验反应是否有 H_2S 气体产生(即溶液中是否有 S^{2-} 存在)。此试纸用醋酸铅溶液浸泡过，使用时要用蒸馏水润湿试纸，放在试管口，将待测溶液酸化，如有 S^{2-} 离子，则生成的 H_2S 气体逸出，遇到试纸，即溶于试纸上的水中，然后与试纸上的醋酸铅发生反应，生成黑色 PbS 沉淀，从而使试纸呈黑褐色并有金属光泽(有时颜色较浅，但一定有金属光泽，这是特征)。

反应如下：

$$Pb(Ac)_2 + H_2S \longrightarrow PbS\downarrow + 2HAc$$

若溶液中 S^{2-} 浓度太低，则用此试纸不易检出。

(二) 淀粉-碘化钾试纸

用以定性检验氧化性气体(如 Cl_2、Br_2 等)。试纸用淀粉-碘化钾溶液浸泡过。使用时用蒸馏水润湿并放在试管口上，氧化性气体遇到试纸，将 I^- 氧化为 I_2，I_2 遇试纸上的淀粉使试纸变蓝。

$$2I^- + Cl_2 \longrightarrow I_2 + 2Cl^-$$

值得注意的是，如果氧化性气体的氧化性很强时，则有可能将 I_2 继续氧化成 IO_3^-，而使试纸又褪色，这时不要误认为试纸没有变色，以致得出错误结论。

(三) pH 试纸

用于检验溶液 pH。一般有两类：一类是广泛 pH 试纸，其变色范围为 1～14(色阶变化为 1 个 pH 单位)，用来粗略的检验溶液的 pH；另一类是精密 pH 试纸(色阶变化小于 1 个 pH 单位)，这种试纸在 pH 变化较小时就有颜色变化。可用来较精细地检验溶液 pH。变色范围有 2.7～4.7、3.8～5.4、5.4～7.0、6.8～8.4、8.2～10.0、9.5～13.0 等。

使用 pH 试纸时，将一小块试纸放在洁净干燥的点滴板或表面皿上，用玻璃棒蘸取待测液点在试纸上，试纸被溶液润湿而变色，将其颜色立即与标准色阶板比较，得出 pH 或 pH 范围。

使用 pH 试纸时要注意：

(1) 使用试纸时，要将其剪成小块，每次用一小块，避免浪费。

(2) 在使用试纸测定溶液的 pH 时，切不可润湿，否则，即相当于把原溶液稀释，所测值不是原溶液的 pH。

(3) 不要将试纸浸在溶液中。

(4) 切忌不可用手直接拿试纸去检验。

七、实验用水的制备方法

化学实验尤其是定性、定量分析实验需要大量纯水。制备纯水的方法有蒸馏法、离子交换法、电渗析法、反渗透法、吸附法和超过滤法等，其中蒸馏法和离子交换法应用较为广泛。

(一) 蒸馏法

蒸馏法是目前实验室中广泛采用的制备实验室用水的方法。它是利用水与杂质的沸点不同，将原料水经过蒸馏器蒸馏而得到蒸馏水。经过一次蒸馏而得的蒸馏水为一次蒸馏水。由于大部分无机盐类不挥发，所以一次蒸馏水较纯净，适用于一般的实验室工作。但一次蒸馏水中通常还含有一些其他的杂质，如二氧化碳和某些易挥发物等，随着水蒸气进入蒸馏水中，所以对高纯物质的分析，必须用高纯水。为此，可以减慢蒸馏速度，采用高纯材料(如石英)做蒸馏器，增加蒸馏次数等。并且可在一次蒸馏水中加入碱性高锰酸钾溶液，除去有机物和二氧化碳；加入非挥发性的酸(硫酸或磷酸)，使氨成为不挥发的铵盐，再继续二次蒸馏。实验室中所用的二次蒸馏水，三次蒸馏水等就是通过二次，三次蒸馏得到的。另外，高纯水应当储存在不受离子污染的容器中，如有机玻璃、聚乙烯或石英容器。

蒸馏法制纯水的优点是操作简单、成本低、效果好(可除去离子杂质和非离子杂质)。缺点是蒸馏法制纯水的产量低，水质电阻率较低。

(二) 离子交换法

该法利用阴、阳离子交换树脂上的 OH^- 和 H^+ 与水中的杂质离子发生选择性交换，交换出来的 OH^- 和 H^+ 发生中和反应生成水，从而除去水中杂质，获取纯水。由此得到的水称为去离子水。用 ROH 和 RH 分别代表阴、阳离子交换树脂，其反应机理(以水中 Cl^-、Mg^{2+} 为例)可表示如下：

$$ROH + Cl^- \rightleftharpoons RCl + OH^-$$

$$2RH + Mg^{2+} \rightleftharpoons R_2Mg + 2H^+$$

离子交换法制纯水的优点是出水纯度高、水量大、比蒸馏法成本低。缺点是设备及操作复杂，需要对树脂进行洗涤、装柱及再生等过程，且不能除去微生物和非电解质(如有机物)等杂质。为达净化目的，可与蒸馏法联合使用。

(魏美燕)

八、称　量

台秤和电子分析天平是进行化学实验不可缺少的重要称量仪器。常用的天平种类很多,尽管在结构上各有差异,但它们都是根据杠杆原理设计而制成的。这里着重介绍台秤和电子分析天平的使用。

(一) 台秤

台秤能迅速地称量物体的质量,但精确度不高。一般能精确至 0.1g,其构造如图 1-12 所示。

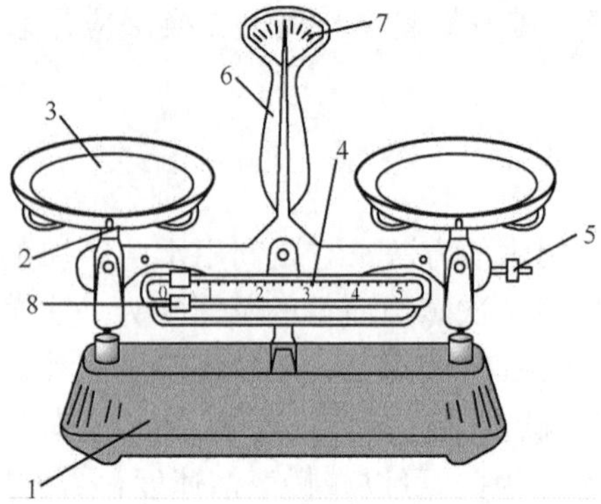

图 1-12　台秤

1. 底座;2. 托盘架;3. 托盘;4. 移动游标尺;5. 平衡螺丝;6. 指针;7. 刻度盘标尺;8. 游码

在称量前,首先检查台秤的指针是否停在刻度盘标尺上中间的位置。若不在中间,可调节右端的平衡螺丝,使指针停在中间的位置(称为零点)。称量物体时,将被称物放在左盘上,右盘加砝码,先加大砝码,后加较小的。10g(或 5g)以上的砝码是装在砝码盒内的,10g(或 5g)以下的砝码是通过移动游标尺上的游码来添加的。当砝码加减到指针停在刻度盘标尺中间时,即表示两边重量相等(称为停点)。停点和零点之间允许偏差 1 小格以内。这时,右盘上砝码的克数加上游码在游标尺上所指的克数便是被称物的质量。

称量时应注意以下几点:

(1) 不能称量热的物品。

(2) 称量物不能直接放在托盘上,称量物可放在称量纸上、表面皿或其他容器中。

(3) 称量完毕,应将砝码放回砝码盒中,将游码拨到零位处,并将托盘放在一侧,或用橡皮圈架起。

(4) 保持台秤整洁,若把药品撒在托盘上时,必须立即清除。

(二) 电子分析天平

电子分析天平是最新一代的分析天平,是根据电磁力平衡原理,直接称量,全量程不需砝码。放上称量物后,在几秒钟内即达到平衡,显示读数,称量速度快,精度高。电子分析天平的支承点用弹簧片,取代机械分析天平的玛瑙刀口,用差动变压器取代升降枢装置,用数字显示代替指针刻度式。因此,电子分析天平具有使用寿命长、性能稳定、操作简便和灵敏度高的特点。此外,电子分析天平还具有自动校正、自动去皮、超载指示、故障报警等功能,以及具有质量电信号输出功能,且可与打印机、计算机联用,进一步扩展其功能,如统计称量的最大值、最小值、平均值及标准偏差等。由于电子分析天平具有机械分析天平无法比拟的优点,尽管其价格较贵,但也会越来越广泛地应用于各个领域并逐步取代机械分析天平。

电子分析天平按结构可分为上皿式和下皿式两种。称盘在支架上面为上皿式,称盘吊挂在支架下面为下皿式。目前,广泛使用的是上皿式电子天平。尽管电子天平种类繁多,但其使用方法大同小异,具体操作可参看各仪器的使用说明书。下面以岛津 AY120 型托盘电子分析天平(图 1-13)为例,简要介绍电子分析天平的结构与使用方法。

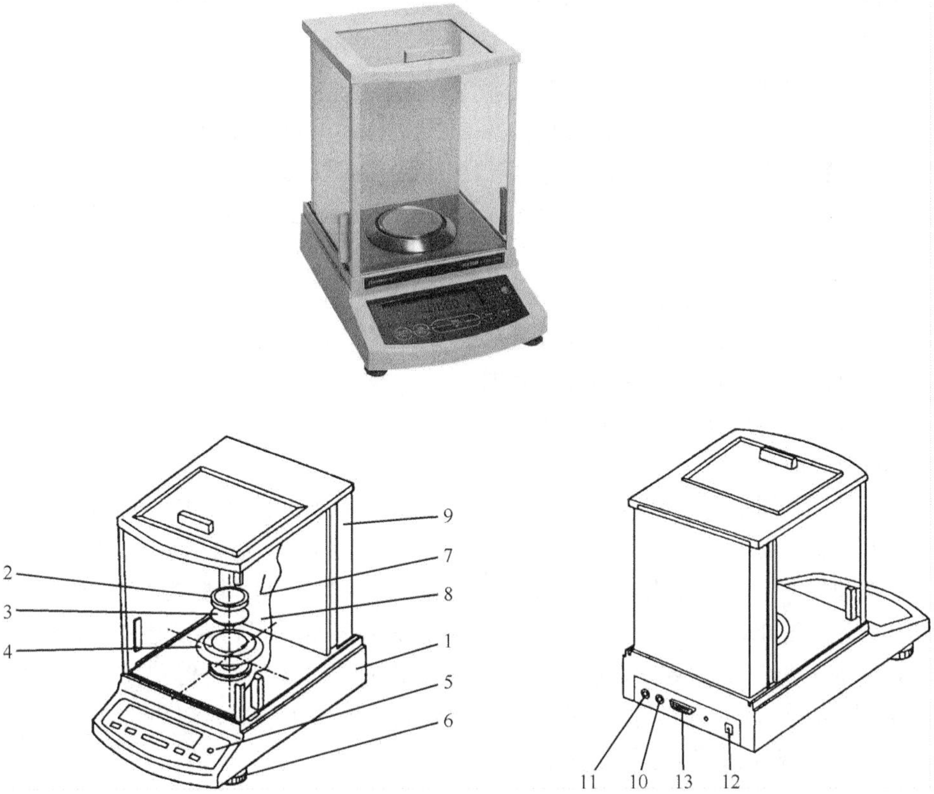

图 1-13　岛津 AY120 型托盘电子分析天平结构图

1. 天平主体;2. 称量盘;3. 盘托;4. 阻尼环;5. 水平仪;6. 水平调节螺旋;7. 玻璃门;8. 称量室;9. 外壳侧壁;10. 键盘接口;11. 数据输入输出接口;12. 直流电源插孔;13. RS-232C 接口

1. 具体操作步骤

(1) 机器预热

1) 通电 1 小时以上可进行精确地测定。

2) 不使用时不要拔掉 AC 适配器,按“POWER/BRK”键置于待机状态。

3) 1 个月以上不使用时,将 AC 适配器拔掉。

(2) 操作规程

1) 称样量:本天平为万分之一天平,可精确称量至 0.1mg,称样时为减小误差称样量需大于 10mg。

2) 开机前观察天平是否处于水平状态,若不水平,需调节水平调节螺旋,使水平仪空气泡位于圆环中央。

3) 在测定开始前机器先预热。

4) 按“POWER/BRK”键(待机状态显示屏全灭),显示屏全亮,出现“±8 888 888%”g,约 2 秒后,显示称量模式“0.0000g”。如果显示不是“0.0000g”,按“TARE”键去皮。

5) 使用容器或称量纸称量时,将容器或称量纸轻放在称量盘上,确认稳定标志灯亮后,按“TARE”键去皮。再向容器或称量纸上加药品进行称量，显示的质量就是物品的质量，记录。

开关键/待机——POWER/BRK；主菜单/校准——MENU/CAL；去皮重(归零)——TARE；切换单位——UNIT；(按住“UNIT”键可在 1mg 和 0.1mg 间转换)。

2. 注意事项

(1) 勿使用附件以外的 AC 适配器。

(2) 确认电源电压：确认供电电源与 AC 适配器标示的电压相符。

(3) 放置在尘埃少的房间，不要阳光直射，放置在温度为 20±2℃，湿度为 45%～60% RH 的稳定环境。不要放置在空调或带磁性设备的附近，不要放置在有腐蚀性气体、易燃气体的地方。

(4) 天平内部不要进入水、金属片等。若掉落样品，应及时清除。

(5) 放置时不要在样品盘上装载过量称量物。

(6) 不要碰撞样品盘。不要冲击玻璃把手。

(7) 擦拭天平时应使用少量中性洗涤剂。

(8) 用完后应登记。

(9) 天平长时间不用时，应用仪器原配外部标准砝码进行校准。校准前，电子天平必须预热 60 分钟以上，并检查是否水平。校准时，取下称量盘上所有被称量物，置“mg-30”，“INT-3”，“ASD-2”，“Ery-g”模式，按“TARE”键归零。按“CAL”键，当显示屏出现“CAL”时，即松手，显示屏出现“CAL-100”，且“100”为闪烁码，表示校正码需要用 100g 的外部标准砝码。此时将 100g 外部标准砝码放到称量盘上，显示屏出现“——”等待状态，经过一定时间，显示屏出现“100.0000g”，除去外部标准砝码，显示屏应出现“0.0000g”，若显示不为零，再归零，重复以上校正操作，直至为零。

(三) 称量方法

常用的称量方法有直接称量法、固定质量称量法和递减称量法，现分别介绍如下。

1. 直接称量法 此法是将称量物直接放在天平盘上直接称量物体的质量。例如，称量小烧杯的质量，容量器皿校正中称量某容量瓶的质量，重量分析实验中称量某坩埚的质量等，都使用这种称量法。

2. 固定质量称量法 此法又称定量称量法，此法用于称量某一固定质量的试剂(如基准物质)或试样。这种称量操作的速度很慢，适于称量不易吸潮、在空气中能稳定存在的粉末状或小颗粒(最小颗粒应小于 0.1 mg，以便容易调节其质量)样品。

固定质量称量法如图 1-14 所示。注意：若不慎加入试剂超过指定质量，用牛角匙取出多余试剂。重复上述操作，直至试剂质量符合指定要求为止。严格要求时，取出的多余试剂应弃去，不要放回原试剂瓶中。操作时不能将试剂散落于天平盘等容器以外的地方，称好的试剂必须由表面皿等容器直接转入接受容器，此即所谓“定量转移”。

3. 递减称量法 又称减量法，此法用于称量一定质量范围的样品或试剂。在称量过程中样品易吸水、易氧化或易与 CO_2 等反应时，可选择此法。由于称取试样的质量是由两次称量之差求得，故也称差减法，如图 1-15 所示。

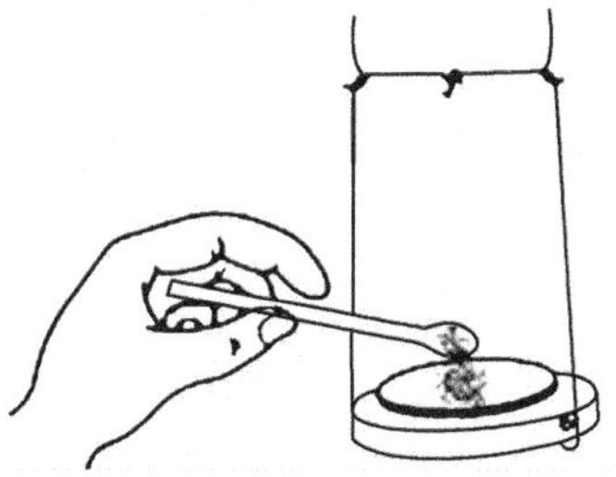

图 1-14　固定质量称量法

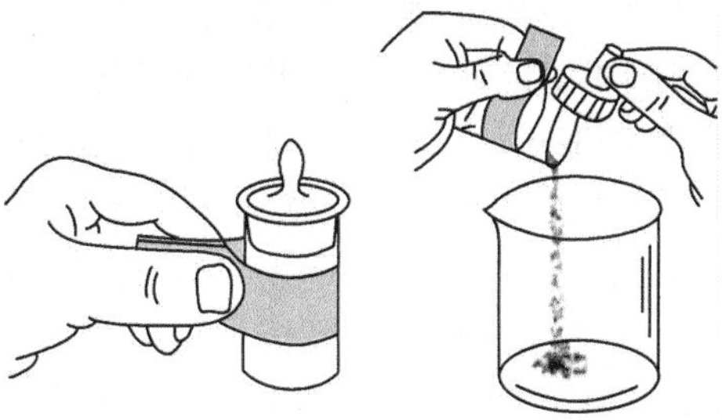

图 1-15　递减称量法

称量步骤如下：从干燥器中用纸带(或纸片)夹住称量瓶后取出称量瓶(注意：不要让手指直接接触及称量瓶和瓶盖)，用纸片夹住称量瓶盖柄，打开瓶盖，用牛角匙加入适量试样(一般为称一份试样量的整数倍)，盖上瓶盖。称出称量瓶加试样后的准确质量。将称量瓶从天平上取出，在接收容器的上方倾斜瓶身，用称量瓶盖轻敲瓶口上部使试样慢慢落入容器内，瓶盖始终不要离开接收器上方。当倾出的试样接近所需量(可从体积上估计或试重得知)时，一边继续用瓶盖轻敲瓶口，一边逐渐将瓶身竖直，使黏附在瓶口上的试样落回称量瓶，然后盖好瓶盖，准确称其质量。两次质量之差，即为试样的质量。按上述方法连续递减，可称量多份试样。有时一次很难得到合乎质量范围要求的试样，可重复上述称量操作1～2次。

(郑明彬)

第五节　滴定分析量器与基本操作

一、滴　定　管

滴定管一般分为两种：一种是带有玻璃活塞的酸式滴定管[图 1-16(a)]，用于酸类溶液或氧化性溶液的容盛；另一种是碱式滴定管[图 1-16(b)]，用于碱类溶液的容盛，其下端连接一段医用橡皮管，内装一玻璃圆珠，以控制溶液的流出，橡皮管下端再连接一个尖嘴玻璃管。常用滴定管一般为容积 25ml 或 50ml 的规格，最小刻度为 0.1ml，最小刻度之间可估读到 0.01ml。

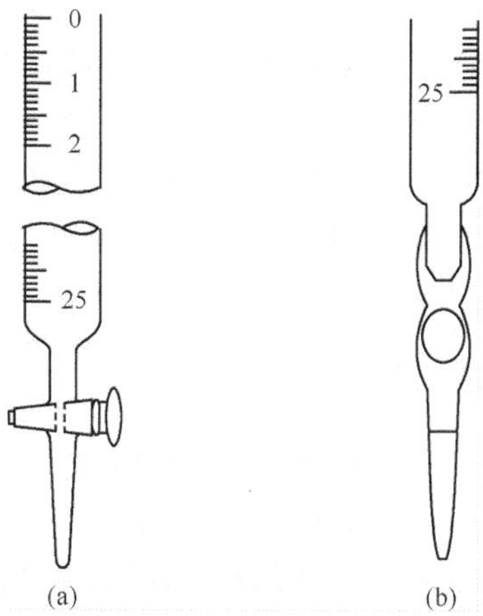

图 1-16　滴定管

(a)酸式滴定管；(b)碱式滴定管

(一) 洗涤

滴定管使用前必须洗涤干净，要求滴定管先装满水，再完全放出水时，管内不能有水珠附在内壁。

无油污的滴定管可直接用自来水冲洗。如有油污或管内有水珠附着，可用滴定管专用刷子蘸肥皂或洗衣粉刷洗；若仍有水珠附着，则用重铬酸钾洗液洗涤，洗涤方法是：事先关闭活塞，每次将 10～15ml 洗液倒入滴定管中，两手平端滴定管，并不断转动，直至洗液布满全管为止，打开活塞，将洗液放回原瓶中。若油污严重，可倒入温洗液浸泡一段时间。用洗液洗过的滴定管，先用自来水冲洗，再用少量蒸馏水润洗几次。

碱式滴定管的洗涤方法同上，但要注意铬酸洗液不能直接接触橡皮管。为此可将碱式滴定管倒立于装有重铬酸钾洗液的玻璃槽内浸泡，或将橡皮管上的尖嘴玻璃管连接于水泵上，轻捏玻璃珠，将洗液徐徐抽至接近橡皮管处，让洗液浸泡一段时间后，再把洗液放回原瓶中，然后用自来水冲洗，再用蒸馏水润洗几次。

（二）查漏

将洗净的滴定管装满水，安置在滴定管架上直立，静置两分钟，观察有无漏水情况。然后，将活塞旋转 180°，再静置两分钟，观察有无漏水。如均不漏水，滴定管即可使用。

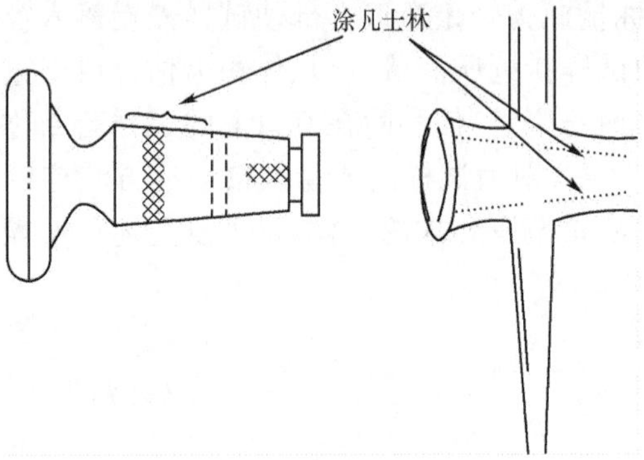

图 1-17　活塞涂凡士林

若酸式滴定管漏水，可按下法处理：取下玻璃活塞，用滤纸或纱布擦干活塞及活塞槽。用手指蘸少量凡士林抹在活塞粗的一端，沿圆周涂一薄层，尤其在孔的近旁，不能多涂（图 1-17）。活塞细一端的涂法，最好是把凡士林涂在滴定管活塞槽的内壁上，将活塞插入槽内，插时活塞孔应与滴定管平行。然后转动活塞，从外面观察活塞与活塞槽接触的地方是否呈透明状态，转动是否灵活，并检查活塞是否漏水。如不合要求则需要重按上述方法新涂凡士林。

若碱式滴定管漏水，可将橡皮管中的玻璃珠稍加转动，或略微向上推或向下移动一下，这样处理后仍然漏水，则需要更换玻璃珠或橡皮管。

（三）装液

为了使装入滴定管的溶液不被滴定管内壁的水稀释，要先用所装溶液充分润洗滴定管。注入所装溶液 5～6ml，然后两手平端滴定管，慢慢转动，使溶液匀流全管。打开滴定管的活塞，使润洗液从管口下端流出。如此润洗 2～3 次后，即可装入溶液。

装液时，直接将溶液从试剂瓶口倾入滴定管，不能经过漏斗、玻棒等其他容器，否则溶液将被其他器皿污染或稀释。

（四）排气

当溶液装入滴定管时，出口管还没有充满溶液。此时将酸式滴定管倾斜约 30°，左手迅速打开活塞使溶液冲出，这样就能驱赶活塞及活塞以下的气泡，并使溶液充满全下端管口。若使用碱式滴定管，则把橡皮管向上弯曲，玻璃尖嘴斜向上方。用两指挤压玻璃珠，溶液先从被挤压玻璃珠的缝隙流出，然后从出口管喷出，气泡随之逸出，如图 1-18 所示。

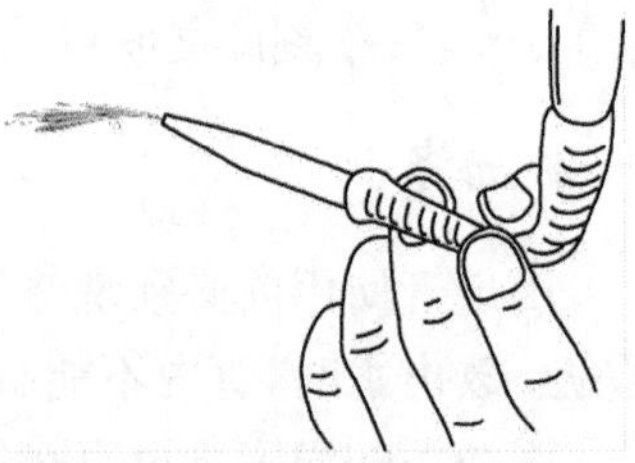

图 1-18　驱赶碱式滴定管气泡

气泡排除后,加入溶液至刻度以上,再转动活塞或挤捏玻璃珠,把液面调节在滴定管的“0.00”ml 刻度或略低于“0”刻度处。

(五) 读数

在读数时,要把滴定管从架上取下,用右手大拇指和食指夹持在滴定管液面上方,使滴定管与地面呈垂直状态。读数时视线必须与液面保持在同一水平面上(图 1-19)。

为了使读数清晰,也可在滴定管后衬一张纸片为背景,形成较深的弯月面。读取弯月面的下缘,这样不受光线影响,容易观察[图 1-20(a)]。

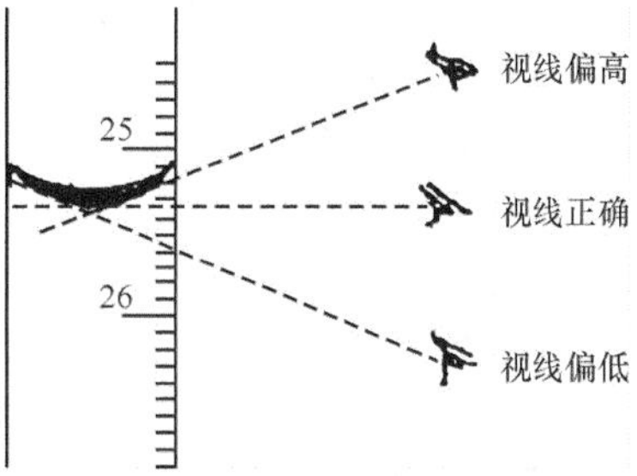

图 1-19 读数时的视线

对于无色或浅色溶液,读它们的弯月面下缘最低点的刻度;对于深色溶液如高锰酸钾,碘溶液等,可读两侧最高点的刻度。若滴定管的背后有一条蓝带,无色溶液由于折射会观察成两个弯月面,并且相交于蓝线的中线上,读数时即读此交点的刻度[图 1-20(b)];若为深色溶液,则仍读液面两侧最高点的刻度。

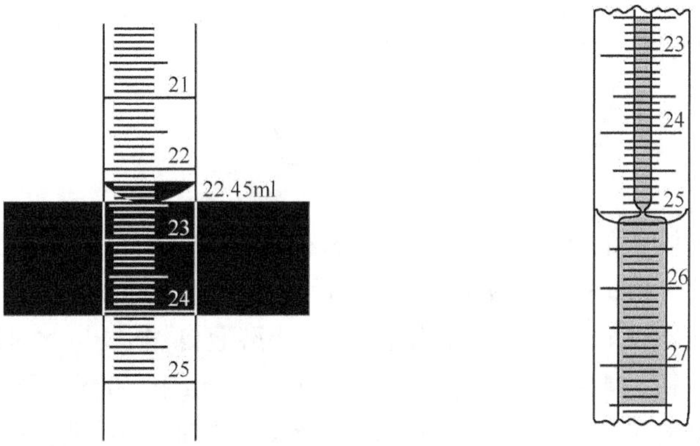

(a) 后衬纸片的滴定读数 (b) 由于折射出现两个弯月面时的读数

图 1-20 特殊情况下的读数

每次滴定前,最好将溶液装至滴定管的“0.00”ml 刻度或稍下一点开始,这样可消除因上下刻度不均匀所引起的误差。

读数:除读准刻度外,还要估读至±0.01ml 的精度,即小数点后两位数字,如图 1-20(a)中的 22.45ml。

(刘江琴)

二、滴 定 操 作

使用滴定管时,左手握滴定管,其无名指和小指向手心弯曲,轻轻地贴着出口部分,用其余三指控制活塞的转动(图 1-21)。注意不要向外用力,以免推出活塞造成漏水,应使活塞稍有一点向手心的回力。

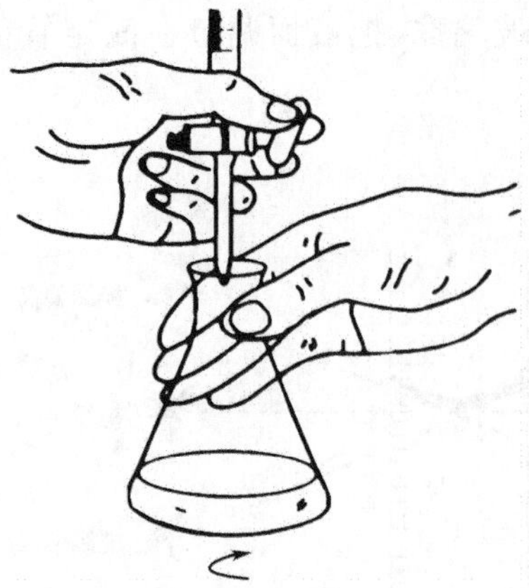

图 1-21　酸式滴定管操作法

滴定一般在锥形瓶中进行，滴定管下端伸入瓶中约1cm，必要时也可在烧杯中进行。操作方法如图 1-21 所示。左手按前述方法操作滴定管，右手的拇指、食指和中指拿住锥形瓶颈，沿同一方向按圆周摇动锥形瓶，不要前后振动。边滴边摇，两手协同配合。开始滴定时，无明显变化，液滴流出的速度可以快一些，但必须成滴流出而不能成线状流出，滴定速度一般控制在 3～4 滴/秒，注意观察标准溶液的滴落点。随着滴定的进行，滴落点周围出现暂时性的颜色变化，但随着摇动锥形瓶，颜色变化很快。当接近终点时，颜色变化消失较慢，这时就应逐滴加入，加一滴后把溶液摇匀，观察颜色变化情况，再决定是否还要滴加溶液。最后应控制溶液滴悬而不落，用锥形瓶内壁把溶液滴靠下来（这时加入的是半滴溶液），用洗瓶吹洗锥形瓶内壁，摇匀。如此重复操作，直至颜色变化半分钟不消失为止，即可认为到达终点。

滴定结束后，滴定管内剩余的溶液应弃去，不要倒回原瓶中。然后依次用自来水、蒸馏水冲洗数次，倒立夹在滴定管架上；或者，洗后装入蒸馏水至于刻度以上，再用小烧杯或口径较粗试管倒盖在管口上，以免滴定管污染，便于下次使用。

三、移液管和吸量管

要求准确地移取一定体积的溶液时，可以使用移液管或吸量管。移液管是中间有膨大部分（称为球部）的玻璃管，球部上下为较细的管颈，管颈上部刻有标线，如图 1-22(a)所示。在标明的温度下，当吸取溶液至弯月面与标线相切后，让溶液自然放出，此时所放出溶液的体积即等于管上所标的体积。常用的移液管有 5ml、10ml、25ml 和 50ml 等规格。

吸量管是具有分刻度的玻璃管，如图 1-22(b)所示，供准确量取液体之用。常用的有 1ml、2ml、5ml 和 10ml 等规格。

移液管和吸量管的洗涤应严格要求不挂水珠，以免影响所量液体的体积。除按一般玻璃仪器洗涤外（即铬酸洗液浸洗、自来水冲洗、蒸馏水润洗），吸取时还必须用所取溶液润洗 2～3 次，确保所取溶液浓度不变。

使用移液管（吸量管）时，左手拿洗耳球，右手拇指及中指拿住移液管（吸量管）的上端标线以上部位，使管下端伸入液面 1～2cm。不应伸入太深，以免外壁沾有过多液体；也不应伸入太浅，以免吸入空气。这时，左手用洗耳球轻轻吸上液体，眼睛注意管中液面上升情况，移液管或吸量管则随容器中液体的液面下降而往下伸。当液体上升到刻度标线以上时，迅速用食指堵住上部管口。将移液管从液体内取出，靠在容器壁上，然后稍微放松食指，同时轻轻转动移液管（吸量管），使标线以上的液体流回去。当溶液的弯月面最低点与标线相切时，就按紧管口，使液体不再流出。取出移液管（吸量管）移入准备接受液体的容器中，使其出口尖端接触容器壁，让接受容器倾斜而移液管保持直立。抬起食指，使液体自然地顺壁流下。待液体全部流尽后，约等 15 秒，取出移液管（图 1-23）。这时管尖部位仍留有少量溶液，除特别注明“吹”字的以外，一般此管尖部位留存的溶液不能吹入接受容器中。

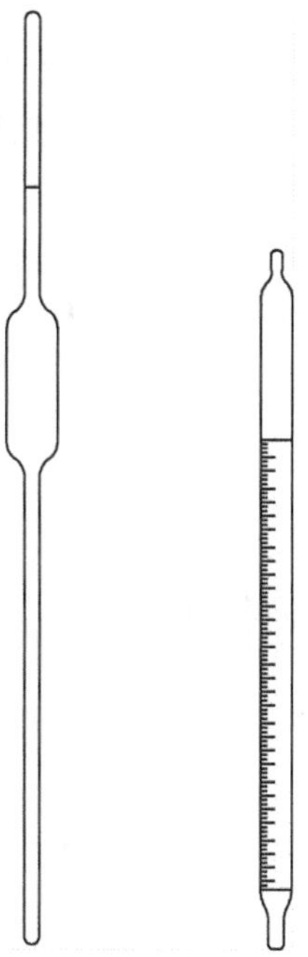

图 1-22　移液管和吸量管

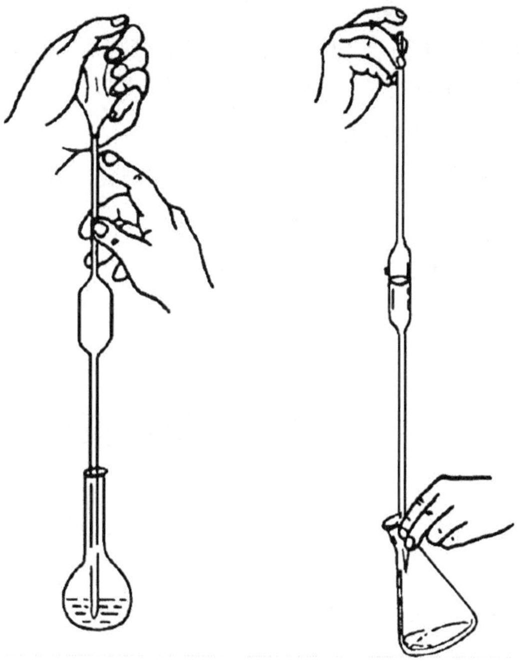

图 1-23　吸取和放出溶液操作

四、容　量　瓶

容量瓶是一种细颈梨形的平底玻璃瓶，带有玻璃磨口塞或塑料塞，如图 1-24 所示。瓶颈上刻有标线，表示在所指温度（一般为 20℃）下，当液体充满到标线时，液体体积恰好与瓶上所注明的体积相等。容量瓶是用来配制具有准确浓度的溶液时用的仪器。常用的为 50ml、100ml、250ml、500ml 和 1000ml 等规格。

容量瓶在洗涤前应先检查一下瓶塞是否漏水。瓶中放入自来水，放到标线附近，盖好瓶塞，左手按住塞子，右手把持住瓶底边缘，如图 1-25(a)所示，把瓶子倒立片刻，观察瓶塞有无漏水现象。不漏水的容量瓶才能使用。按常规操作把容量瓶洗净。为了避免打破塞子，应该用根细绳把塞子系在瓶颈上。

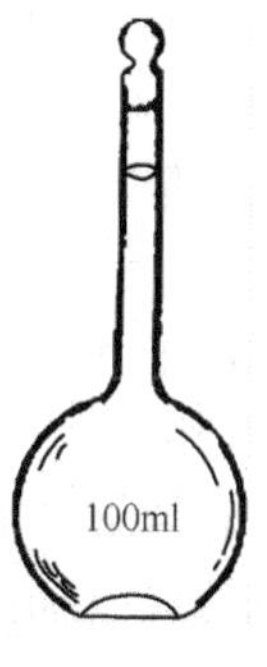

图 1-24　容量瓶

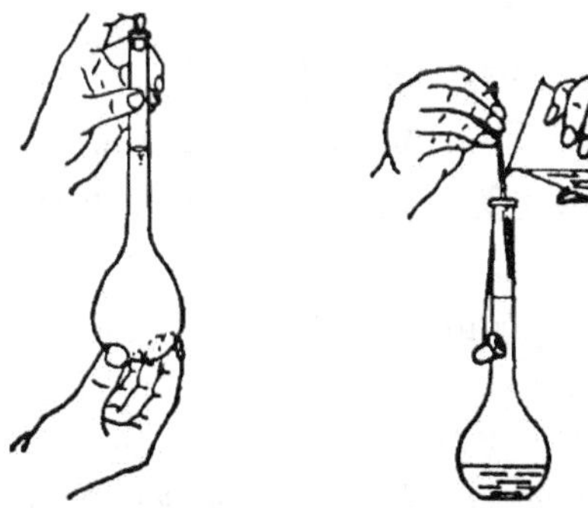

图 1-25　容量瓶的操作

在配制溶液前，应先把称好的固体试样在烧杯中溶解，然后再把溶液沿着玻璃棒从烧杯中转移到容量瓶中，如图 1-25(b)所示。用蒸馏水多次洗涤烧杯，把洗涤液也转移入容量瓶中，以保证溶质全部转移。缓慢地加入蒸馏水，加到接近标线 1cm 处等 1～2 分钟，使附在瓶颈上的水流下，然后用洗瓶或滴管加水至标线（小心操作，勿过标线）。加水时，视线平视标线，水充满到标线后，盖好瓶塞。将容量瓶倒转，等气泡上升后，轻轻振荡，再倒转过来。重复操作多次，就能使瓶中溶液混匀。

容量瓶不能加热，热溶液应冷却至室温后，才能注入容量瓶中，否则会造成体积误差。

如用容量瓶稀释溶液，则用移液管或吸量管移取一定体积的溶液于容量瓶中，加水至标线，按前述方法混匀溶液。

容量瓶不宜长期保存试剂溶液。如配好的溶液需作保存时，应转移至磨口试剂瓶中，不要将容量瓶当做试剂瓶使用。容量瓶使用完毕应立即用水冲洗干净。如长期不用，磨口处应洗净擦干，并用纸片将磨口隔开。

（梅　俊）

第六节　常用仪器的操作和使用

一、酸　度　计

（一）基本原理

酸度计（亦称 pH 计）是实验室用来测量溶液 pH 的常用仪器。虽然型号较多、结构各异，但它们的原理相同。面板构造有刻度指针显示和数字显示两种。下面以 pHSJ-3F 型酸度计为例介绍。

酸度计测 pH 的方法是电位测定法。它除测量溶液的酸度外，还可以测量电池的电动势（mV）。酸度计主要由参比电极（甘汞电极）、指示电极（玻璃电极）和精密电位计三部分组成。

测量时用玻璃电极作指示电极，饱和甘汞电极（SCE）作参比电极，组成电池：

（－）玻璃电极|待测 pH 溶液|SCE（＋）

由于甘汞电极的电极电位不随溶液 pH 变化，在一定温度下是一定值，而玻璃电极的电极电位随溶液 pH 的变化而改变，所以它们组成的电池电动势也随溶液的 pH 而变化。

1. 玻璃电极（图 1-26）　由 Ag-AgCl 电极、盐桥和特制的球型玻璃膜构成。将它插入待测溶液，其电极电位 φ_G 与溶液 pH 有下列关系：

$$\varphi_G = \varphi_G^{\ominus} - \frac{2.303RT}{F}\mathrm{pH}$$

式中：$\varphi_G^{\ominus}$为玻璃电极标准电位；R 为气体常数；T 为开尔文温标；F 为法拉第常数。

饱和甘汞电极（SCE）（图 1-27）由汞、甘汞糊和饱和 KCl 溶液构成。一定温度下饱和 KCl 溶液的浓度为一定值，故饱和甘汞电极的电位 φ_{SCE} 也为一定值，在温度为 298K 时为 0.2412V。

将玻璃电极和饱和甘汞电极插入溶液组成原电池，电池的电动势 E 为：

$$E = \varphi_{SCE} - \varphi_G = \varphi_{SCE} - \varphi_G^{\ominus} + \frac{2.303RT}{F}\mathrm{pH}$$

由上式可知，E 与 pH 呈线性关系，只要测得 E 便可求得 pH。由于 $\varphi_G^{\ominus}$通常是未知的，所以实际测定中应该用与待测溶液 pH 相近的标准溶液定位。在原电池中标准溶液给出的电动势为：

$$E_s=\varphi_{SCE}-\varphi_G^{-}+\frac{2.303RT}{F}pH_s$$

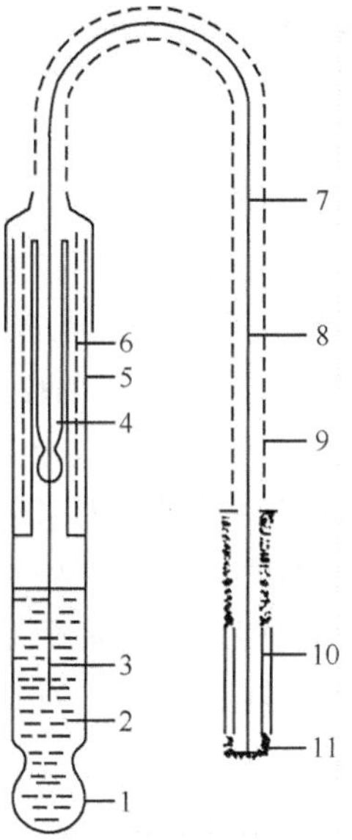

图 1-26　玻璃电极

1. 玻璃膜；2. 缓冲溶液；3. Ag-AgCl 电极；4. 玻璃管；5. 静电隔离层；6. 电极导线；7. 塑料绝缘线；8. 金属隔离罩；9. 塑料绝缘线；10. 电极接头；11. 屏蔽接地电极

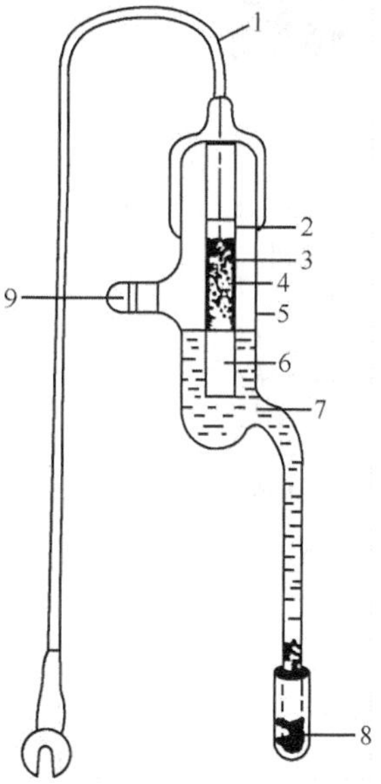

图 1-27　饱和甘汞电极

1. 电极引线；2. 玻璃管；3. 汞；4. 甘汞糊（Hg_2Cl_2 和 Hg 研成的糊）；5. 玻璃外套；6. 石棉或纸浆；7. 饱和 KCl 溶液；8. 素烧瓷；9. 小橡皮塞

待测溶液给出的电动势为：

$$E_x=\varphi_{SCE}-\varphi_G^{-}+\frac{2.303RT}{F}pH_x$$

上式两式中 pH_s 和 pH_x 分别为标准溶液和待测溶液的 pH，两式相减，得：

$$pH_x=\frac{(E_x-E_s)F}{2.303RT}+pH_s$$

使用玻璃电极时应注意：

(1) 玻璃电极下端的玻璃膜易破碎，切忌与硬物接触。

(2) 初次使用时，应将球形玻璃膜部分在蒸馏水中浸泡一昼夜。不用时也应浸泡在蒸馏水中，以便下次使用时可简化浸泡手续。

(3) 在测定强碱性溶液时，应尽快操作，测完后立即用水洗涤，以免碱性溶液腐蚀玻璃膜。

(4) 玻璃膜不可沾有油污。如发生这种情况，则应先浸入酒精中，再放入乙醚或四氯化碳中，然后再移到酒精中，最后用水冲洗并浸入水中。

(5) 电极插头上的有机玻璃管具有优良的绝缘性能，切忌与化学药品或油污接触。

2. 复合电极　把 pH 玻璃电极和参比电极组合在一起的电极就是 pH 复合电极(图 1-28)。根据外壳材料的不同分塑壳和玻璃两种。相对于两个电极而言，复合电极最大的好处就是使用方便。pH 复合电极主要由电极球泡、玻璃支持管、内参比电极、内参比溶液、电极壳、外参比电极、外参比溶液、液接界、电极帽、电极导线、插口等组成。

(1) 电极球泡：它是由具有氢功能的锂玻璃熔融吹制而成，呈球形，膜厚在 0.1～

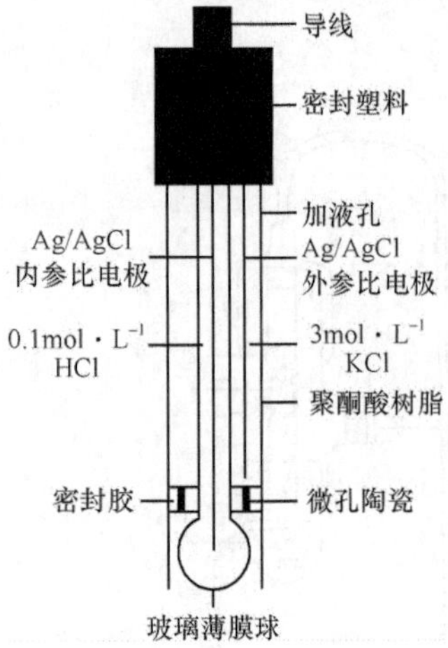

图 1-28 复合电极

0.2mm，电阻值小于 250MΩ(25℃)。

(2) 玻璃支持管：它是支持电极球泡的玻璃管体，由电绝缘性优良的铅玻璃制成，其膨胀系数应与电极球泡玻璃一致。

(3) 内参比电极：内参比电极为银/氯化银电极，主要作用是引出电极电位，要求其电位稳定，温度系数小。

(4) 内参比溶液：零电位的 pH 为 7 的内参比溶液，是中性磷酸盐和氯化钾的混合溶液，玻璃电极与参比电极构成电池建立零电位的 pH，主要取决于内参比溶液的 pH 及氯离子浓度。

(5) 电极壳：电极壳是支持玻璃电极和液接界，盛放外参比溶液的壳体，通常由聚碳酸酯(PC)塑料压成型或玻璃制成。PC 塑料在有些溶剂中会溶解，如四氯化碳、三氯乙稀、四氢呋喃等。如果测试中含有以上溶剂，就会损坏电极外壳，此时应改用玻璃外壳的 pH 复合电极。

(6) 外参比电极：外参比电极为银/氯化银电极，作用是提供与保持一个固定的参比电势，要求电位稳定，重现性好，温度系数小。

(7) 外参比溶液：氯化钾溶液或 KCl 凝胶电解质。

(8) 液接界：液接界是外参比溶液和被测溶液的连接部件，要求渗透量稳定，通常用砂芯的。

(9) 电极导线：电极导线为低噪音金属屏蔽线，内芯与内参比电极连接，屏蔽层与外参比电极连接。

可充式 pH 复合电极即在电极外壳上有一加液孔，当电极的外参比溶液流失后，可将加液孔打开，重新补充 KCl 溶液。而非可充式 pH 复合电极内装凝胶状 KCl，不易流失也无加液孔。

可充式 pH 复合电极的特点是参比溶液有较高的渗透速率，液接界电位稳定重现，测量精度较高。而且，当参比电极减少或受污染后可以补充或更换 KCl 溶液，但缺点是使用较麻烦。可充式 pH 复合电极使用时应将加液孔打开，以增加液体压力，加速电极响应，当参比液液面低于加液孔 2cm 时，应及时补充新的参比液。

非可充式 pH 复合电极的特点是维护简单使用方便，因此也得到广泛的应用。但作为实验室 pH 电极使用时，在长期和连续的使用条件下，液接界处的 KCl 浓度会减少，影响测试精度。因此非可充式 pH 复合电极不用时，应浸在电极浸泡液中，这样下次测试时电极性能会很好，而大部分实验室 pH 电极都不是长期和连续的测试，因此这种结构对精度的影响是比较小的。而工业 pH 复合电极由于对测试精度的要求比较低，所以使用方便就成为主要的选择。

球泡和液接界污染比较严重的情况时，可以先用以下溶剂清洗，再用去离子水洗去溶剂，最后将电极浸入浸泡液中活化。

无机金属氧化物用低于 1mol · L^{-1}稀酸清洗；有机油脂类物用稀洗涤剂(弱酸性)清洗；树脂高分子物质用稀乙醇溶液、丙酮、乙醚清洗；蛋白质血球沉淀物用酸性酶溶液清洗；颜料类物质用稀漂白液、过氧化氢清洗。

pH 复合电极的“损坏”，其现象是敏感梯度降低、响应慢、读数重复性差，可能由以下三种因素引起，一般客户可以采用适当的方法予以修复。

(1)电极球泡和液接界受污染，可以用细的毛刷、棉花球或牙签等，仔细去除污物。有些塑壳 pH 电极头部的保护罩可以旋下，清洗就更方便了。如污染严重，可按前面的方法使用清洁剂清洗。

(2)外参比溶液受污染，对于可充式电极，可以配制新的 KCl 溶液，再加进去，注意第一、二次加进去时要再倒出来，以便将电极内腔洗净。

(3)玻璃敏感膜老化：将电极球泡用 0.1mol · L^{-1}稀盐酸浸泡 24 小时。用纯水洗净，再用电极浸泡溶液浸泡 24 小时。如果钝化比较严重，也可将电极下端浸泡在 4%氢氟酸溶液中 3～5 秒钟(溶液配制：4ml 氢氟酸用纯水稀释至 100ml)，用纯水洗净，然后在电极浸泡溶液中浸泡 24 小时，使其恢复性能。

(二) pHSJ-3F 型酸度计

pHSJ-3F(图 1-29)实验室 pH 计：用于石油、化工、医药、电厂、环保、高等院校等实验室测量水溶液的 pH；也可用于各种离子选择性电极的电极电位和溶液温度的测定。

图 1-29　pHSJ-3F 型酸度计

1. 操作步骤

(1) 开机：按“ON/OFF”键，3 秒后进入 pH 测量工作状态。

(2) 选等电位点：按“等电位点”键，进入“等电位点”选择工作状态，通过“▲”或“▼”键选用所需的等电位点(7.00pH、12.00pH、17.00pH 三个等电位点)。一般而言，水溶液选 7.00pH；纯水和超纯水溶液选 12.00pH；含氨的纯水选 17.00pH。

(3) 电极标定

1) 一点标定：只用一种 pH 标准缓冲溶液对电极系统进行定位，自动校准仪器定位值。

a) 将 pH 复合电极插入测量电极插座内，并将该电极用蒸馏水清洗干净，放入 pH 标准缓冲溶液 A 中(规定的五种 pH 标准溶液的一种)。

b) 按“校准”键后，仪器显示“标定 1”以及当前测得 pH 和温度值。

c) 当显示屏上的 pH 读数趋于稳定后，按“确认”键，仪器显示“标定 1 结束!”以及 pH 和斜率值，说明一点标定完成。注：用户定位所用的 pH 标准缓冲溶液的值，应该愈接近被测溶液的 pH 愈好。

2) 二点标定：用二种 pH 标准缓冲溶液对电极系统进行定位，测得复合电极的实际百分斜率和定位值。

a) 在完成一点标定后，将电极取出重新用蒸馏水清洗干净，放入 pH 标准缓冲溶液 B 中。

b) 按“校准”键后，仪器显示“标定 2” 以及当前测得 pH 和温度值。

c) 当显示屏上的 pH 读数趋于稳定后，按“确认”键，仪器显示“标定 2 结束!”以及 pH 和斜率值，说明二点标定完成。(注：仪器经过标定后得到的参数值关机后不会丢失)。操作 b)、c)步骤时，pH、mV 和等电位点键均有效，如按其中某一键，则仪器进入相应的工作状态。

(4) pH 测量开机，自动进入 pH 测量状态，若在其他状态，按“pH”键则进入 pH 测量状态,仪器显示当前的 pH、温度值以及电极的百分斜率和选择的等电位点。若需对 pH 电极进行标定,则可按步骤 c)进行操作,然后再按"pH"键进入 pH 测量状态。

(5) 电极电位(mV)测量按"mV"键进入 mV 测量工作状态,仪器显示当前的电极电位(mV)值和温度值。

(6) 储存功能:二个储存器。当仪器在 pH 或 mV 测量工作状态下,按"储存"再按"确认"后,仪器显示"顺序号"和"储存…",之后保存显示的 pH 或 mV 实验数据,储存完毕自动返回当前测量工作状态。注:各储满 50 套数据后再储存的话,前 50 个数据全部自动删除,重新从"No1"开始储存实验数据。

(7) 删除功能:当仪器在 pH 或 mV 测量工作状态下,按"删除"再按"确认"后,仪器显示"删除…"后删除当前状态下的全部数据,之后自动返回当前测量工作状态。

(8) 打印功能

①即时打印——"打印 1":当仪器在 pH 或 mV 测量工作状态下,按"打印 1"再按"确认"后,仪器显示"打印…",并打印当前状态下测得的数据,之后自动返回当前工作状态。

②打印存储器内的数据——"打印 2":当仪器在 pH 或 mV 测量工作状态下,按"打印 2"再按"确认"后,仪器显示"打印…",并打印当前状态下存储器内所有的实验数据,之后自动返回当前工作状态。说明:(6)、(7)、(8)操作中若误按某键,可按"取消"键则自动返回当前状态。

(9) 查阅功能:当仪器在 pH 或 mV 测量工作状态下,按"查阅",进入查阅状态,再按"▲"和"▼"可查阅当前状态下储存全部的数据。按"取消"键,退出查阅功能,自动返回当前工作状态。

(10) 保持功能:当仪器在 pH 或 mV 测量工作状态下,按"保持"键,仪器即保持当前测量工作状态下测得的实验数据。再按"保持"或"取消"键,自动返回当前测量工作状态。在保持功能状态时,按 pH、mV、校准和等电位点中的某一键,则进入对应的工作状态,保持功能取消。

2. 操作规程

(1) 开机前,需检查电源是否接妥,应保证仪器良好接地。电极的连接需可靠,防止腐蚀性气体侵袭。

(2) 测量电极的插座必须保持干燥清洁,仪器不用时,将短路插头插入插座,防止灰尘及水汽浸入。

(3) 电极避免长期浸在蒸馏水、蛋白质溶液和酸性氟化物溶液中;避免与有机硅油接触。

(4) 电极长期使用后,如发现斜率略有降低,则可把电极下端浸泡在 4% HF(氢氟酸)中 3～5 秒,用蒸馏水洗净,然后在 $0.1mol \cdot L^{-1}$ 盐酸溶液中浸泡,使之复新。

(张鹏辉)

二、分光光度计

(一) 基本原理

分光光度计测量的理论依据是朗伯-比耳定律:当一束单色光通过一定浓度的稀有色溶液时,溶液对光的选择吸收程度 A 与溶液的浓度或液层成正比即

$$A=kcL=\lg(I_0/I)$$

式中：A 为吸光度，表示光通过溶液时被吸收的强度；

c 为有色溶液的浓度；

I_0 为入射光强度；

I 为透射光强度；

L 为液层的厚度；

k 为吸光系数，它与入射光的波长及溶液的性质、温度等有关，见图 1-30 所示。

当入射光强度 I_0、吸光系数 k 和溶液厚度 L 不变时，透射光强度 I 只随溶液中物质的浓度 c 变化而变化。因此，如果把通过溶液的光线通过测光机构中的光电转换接收器，并转换成电能。在微电计上读出相应的透光率，从而推算出溶液浓度，工作原理见图 1-31 所示。

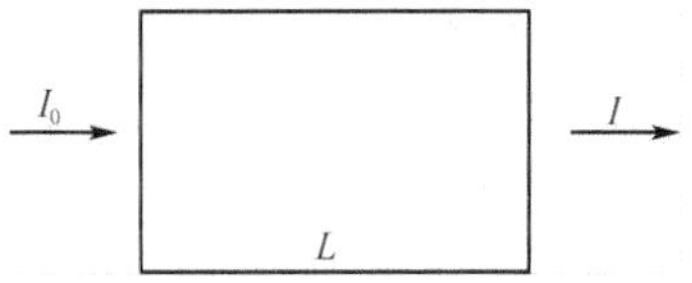

图 1-30 光通过溶液

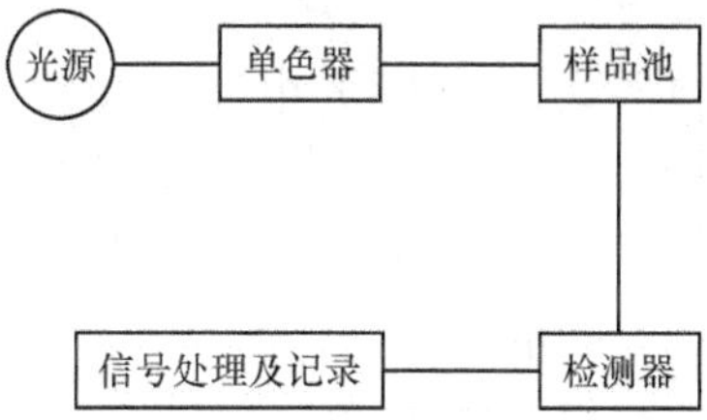

图 1-31 分光光度计工作原理

(二) 722S 型分光光度计

722S 型分光光度计就是依据上述 Lambert-Beer 定律设计的。722S 型分光光度计的外观图(图 1-32)及操作键如下：

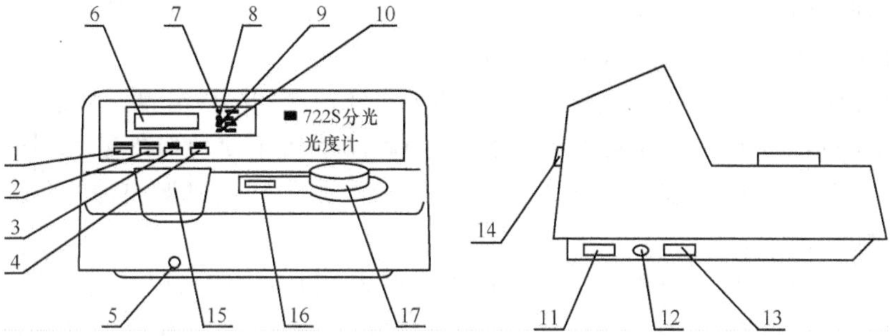

图 1-32 722S 型分光光度计

(1) ↑/100%T 键：在 TRANS 灯亮时，用作自动调整 100%T(一次未到位可加按一次)。在 ABS 灯亮时用作自动调节吸光度 0(一次未到位可加按一次)。

在 FACTOR 灯亮时用作增加溶液因子设定，点按点动，持续按 1 秒后，进入快速增加，再按"MODE"键后自动确认设定值。在 CONC 灯亮时用作增加浓度直读设定，点按点动，持续按 1 秒后，进入快速增加设定。

(2) ↓/0%T 键：在 TRANS 灯亮时，用作自动调整 0%T(调整范围<10%T)；在 ABS 灯亮时不用，如按下则出现超载；在 FACT 灯亮时用作减少浓度因子设定，操作方式同"↑"键；在 CONC 灯亮时用作减少浓度直读设定，操作方式同"↑"键。

(3) Function 键：预定功能扩展键用按下时将当前显示从 RS232C 口发送，可由上层个人计算机接收或打印机接收。

(4) MODE 键:用作选择显示标尺按透射比(TRANS 灯亮)、吸光度(ABS 灯亮)、浓度因子(FACT 灯亮)、浓度直接(CONC 灯亮)次序,每按一次渐进一步循环。

(5) 试样槽架拉杆:用于改变样品槽位置(四位置)。

(6) 显示窗 4 位 LED 数字:用于显示读出数据和出错信息。

(7) TRANS 指示灯:指示显示窗显示透射比数据。

(8) ABS 指示灯:指示显示窗显示吸光度数据。

(9) FACT 指示灯:指示显示窗显示浓度因子数据。

(10) CONC 指示灯:指示显示窗显示浓度直读数据。

(11) 电源插座:用于接插电源电缆。

(12) 熔丝座:用于安装熔丝。

(13) 总开关:ON,OFF 电源。

(14) RS232C 串行接口插座:用于联接 RS232C 串行电缆。

(15) 样品室:供安装各种样品附件用。

(16) 波长指示窗:显示波长。

(17) 波长调节钮:调节波长。

(三) 使用方法

(1) 开机预热 20 分钟。

(2) 用参比溶液置于比色皿中根据选用的波长用透射率 T 调节仪器零点。调节时,打开比色槽盖,让光全部从外面通过,此时应该有 $T=0.00$;盖上盖子,调节旋钮,使光全部从仪器的光路通过,此时应有 $T=100\%$,反复调节旋钮直至打开为零,盖上盖子为 100%为止。

(3) 将读数置于 A 吸光度,此时 $A=0.00$。

(4) 打开比色槽盖,取出比色皿架,用去离子水和待测的溶液分别洗比色皿 2～3 遍,接着依次装入不同浓度的标准溶液或未知溶液,用碎滤纸吸干比色皿外壁黏附的溶液(千万不能使劲擦,以免磨毛比色皿的透光面),将它们依次放到比色皿架内,并把比色皿架放回比色槽上,盖上比色盖。

(5) 轻轻拉动拉杆,让待测的溶液的比色皿进入光路,从读数窗口记录测得的 A 吸光度。打开盖子,让读数回到起点,又盖上盖子重新再测一次。再将拉杆拉动一格,进行下一个被测溶液的测量。

(6) 实验完后,取出被测的溶液倒掉,关掉电源,洗净比色皿并擦干放回原装置中。

(四) 注意事项

仪器预热后,开始测量前反复调透光率 0%和透光率 100%;仪器连续使用不应超过 2 小时,否则,最好间歇 0.5 小时后再使用;比色皿洗涤必须干净,拿取比色皿时,只能用手捏住毛玻璃的两面,装待测液时,应用待测液润洗 2～3 次,保证待测液浓度不变,倒入的溶液应在 2/3～3/4 处而不要太满,放时应将透光面对着光路;比色皿要根据溶液颜色的深浅选择厚度;实验完后,用专用的洗涤液以及蒸馏水洗净晾干后存放在比色皿盒内,不能用碱溶液和强氧化剂洗涤,以免腐蚀玻璃或使比色皿粘接处脱胶;测量时最好从低浓度到高浓度进行,这样可减少误差。

三、循环式真空泵

(一) 基本原理

循环式真空泵(图 1-33)又叫水环式真空泵,是一种粗真空泵。它所能获得的极限真空为 2000～4000Pa,串联大气喷射器可达 270～670Pa。它是以循环水作为工作流体的喷射泵,如图 1-34 所示。它是射流技术产生负压而设计的一种泵,其特点是体积小,节约水。广泛用于蒸发、蒸馏、结晶、过滤、减压和升华等操作。

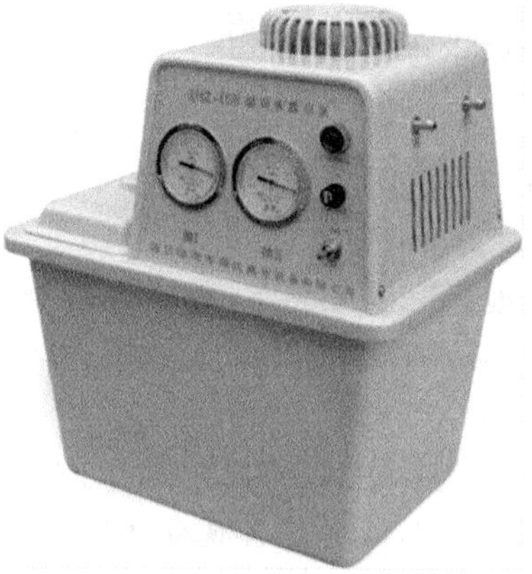

图 1-33　循环式真空泵

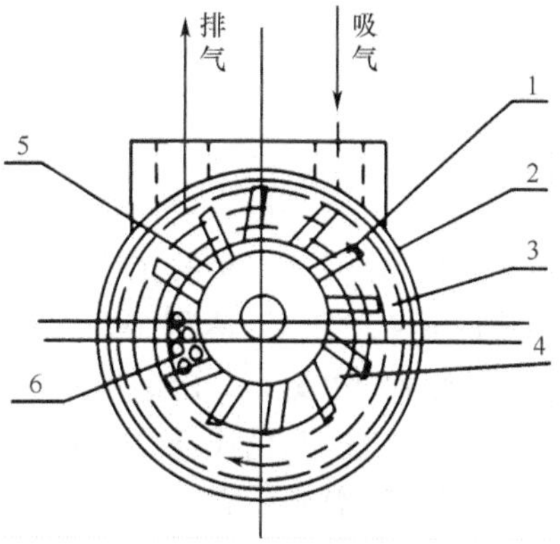

图 1-34　喷射泵

1. 叶轮;2. 泵体;3. 水环;4. 吸气口;
5. 排气口;6. 橡胶球

循环式真空泵的工作原理:在泵体中装有适量的水作为工作液,当叶轮按图 1-34 中顺时针方向旋转时,水被叶轮抛向四周,由于离心力的作用,水形成了一个决定于泵腔形状的近似于等厚度的封闭圆环。水环的下部分内表面恰好与叶轮轮毂相切,水环的上部内表面刚好与叶片顶端接触(实际上叶片在水环内有一定的插入深度);此时叶轮轮毂与水环内界面之间形成一个月牙形空间,而这一空间又被叶轮叶片分成和叶片数目相等的若干个小腔。如果以叶轮的下部 0°为起点,那么叶轮在旋转前 180°时小腔的容积由小变大,且与端面上的吸气口相通,此时气体被吸入,当吸气终了时小腔则与吸气口隔绝;当叶轮继续旋转时,小腔由大变小,使气体被压缩;当小腔与排气口相通时,气体便被排出泵外。

综上所述,水环泵是靠泵腔容积的变化来实现吸气、压缩和排气的,因此它属于变容式真空泵。

(二) 使用方法

(1) 首次使用时,打开水箱上盖注入清洁的凉水(亦可经由放水软管加水),当水面即将升至水箱后面的溢水嘴下高度时停止加水。重复开机可不再加水,但最长时间每星期更换一次水,如水质污染严重,使用率高可缩短更换水的时间,始终要保持水箱中的水清洁。

(2) 抽真空操作,将需要抽真空的设备的抽气套管紧密接于本机抽气嘴上,检查循环水开关应关闭,接通电源,打开电源开关,即可开始抽真空,通过真空表可观察真空度。

(3) 若使用抽滤,首先检查抽气套管是否有裂纹、漏气,如果有,则停止使用,应及时更换抽滤管，并使用合适的抽滤锥形瓶，以保证仪器正常工作。使用中，注意观察真空表盘，如有不正常，则立即停止使用仪器。

(4) 当真空泵需长时间连续作业时，水箱内的水温将会升高，影响真空度，此时可将放水软管与水源(自来水)接通，溢水嘴作排水出口，适当控制自来水流量，即可保持水箱内水温不升高使真空度稳定。

(5) 使用完毕，关闭电源，并将仪器清扫干净。

(许景秀)

第七节　误差分析与数据的处理

一、误差的产生与减免

化学是一门实验科学，实验工作大部分是定量地研究因果关系，就要涉及物理量的测量。例如我们测量的重量、体积、密度，以及浓度、压强等都是物理量。在测定某一物理量时，往往要求实验结果具有一定的准确度；否则，将导致错误的结论。

由于受分析方法、测量仪器、所用的试样和分析工作者主观条件等方面的限制，所得结果不可能绝对准确，总是伴有一定的误差。在分析过程中，误差是客观存在的，在一定条件下，测定的结果，只能趋近于真实值，而不能达到真实值。因此，我们不仅要得到被测组分的含量，而且必须对分析结果进行评价，判断分析结果的准确性(可靠程度)，检查产生误差的原因，采取减小误差的有效措施，从而不断提高分析结果的准确程度。

根据误差的性质与产生的原因，可将误差分为系统误差和偶然误差两类。

系统误差(如方法误差、仪器误差、试剂误差、操作误差等)，是由于分析过程中某些经常发生的原因造成的。对分析结果的影响比较固定，在同一条件下，重复测定时，它会重复出现。例如天平、砝码和量器刻度不够准确，滴定管读数偏高或偏低，某种颜色的变化辨别不够敏锐等造成的误差。减小系统误差往往是一个非常重要而又比较难以处理的问题。应根据产生系统误差的不同原因，采用不同的方法去检验和减小它。

检验系统误差的有效方法是对照试验。即用已知结果的试样与待测试样一起进行对照试验，或其他可靠的分析方法进行对照试验。

减小系统误差的常用方法是空白试验。所谓空白试验，就是在不加试样的情况下，用与待测试样相同的操作步骤和条件进行试验，试验所得结果称为空白值。从试样测量结果中扣除空白值，就得到比较可靠的结果。

对于仪器不准引起的系统误差，可以通过校准仪器来减小其影响，例如砝码、滴定管和移液管等。在精确测量中，必须事先校准，并在计算结果时采用校正值。

偶然误差是由于某些偶然的因素，如测定时环境的温度、湿度和气压的微小波动、仪器性能的微小变化等所引起的，其影响时大时小，时正时负。偶然误差难以察觉，但有规律可循。大小相等的正负误差出现的几率相等；小误差出现的机会多，大误差出现的机会少，特别大的误差出现的几率非常小。实验表明，在测定次数较少时，偶然误差随测定次数的增加而迅速减小。

在系统误差很小的情况下，平行测量的次数越多，所得的平均值就越接近真实值，偶然误差对平均值的影响也就越小。因此，通常要求平行测量 2～4 次以上，以获得较准确的测量结果。当然，过多地增加测量次数将耗时太多，也会受到一定的限制。

此外，有时还可能有由于分析工作者的粗心大意，或不按操作规程操作所造成的误差。例如：滴定时，滴定管活塞顶松造成溶液溅失、加错试剂、读数、记录和计算错误等，这些都是不应有的过失。只要我们在操作中认真细心，严格遵守操作规程，这些错误是可以避免的。在分析工作中出现较大误差时，应查明原因，如是由过失所引起的错误，则应将该次测定结果弃去不用。

二、正确记录实验数据

在科学实验中，为了得到准确的测量结果，除选用恰当的方法、合适的仪器和控制好实验条件外，准确地测定各种数据，而且还要正确地记录和计算，并进行科学地处理也是十分重要的。定量分析结果的数据，不仅表示试样中被测成分含量的多少，而且还反映了测定的准确程度。所以，记录实验数据和计算结果应保留几位数字是一件很重要的事，不能随便增加或减少位数，这就要正确理解和运用有效数字。

（一）有效数字的来源

数是用来表示量的。量（如体积、质量等）是通过仪器测量的。测量方法和仪器精度决定结果可达到的准确度。在分析实验中，不同的仪器所能达到的精度，即测得值可达到的有效数字位数是不同的。例如，最大负载为 200g 的台秤的精度是 0.1g，即能称到 0.1g。千分之一的分析天平的精度可达到 0.001g(1mg)。万分之一的分析天平的精度可达 0.0001g(0.1mg)。测量体积的 10ml 量筒可读到 0.1ml，而 50ml 滴定管的精度可达 0.01ml 等。仪器可达到的精度决定了用它所得结果的精度。例如，用千分之一天平称得一物的重量为 3.650g 时，不应记录为 3.65g 或 3.6500g。一种仪器可达到的精度固然与刻度（最小分度相当的位数）有关，但不一定是相同的。例如，万分之一电光天平在读数屏幕上可以估计出 0.01mg，但实际上只能称到 0.1mg。

由上可知，测量仪器能测到哪一位有效数字，测量结果就应该写到这一位有效数字。由于不管怎样精密的仪器，其测量值的最后一位数总是估计出来的，总有一定的误差。所以，所谓有效数字是指实际能测量到的数字，它包括所有的准确数字和最后一位可疑数字。有效数字保留的位数，应当根据分析方法和测量仪器的准确度来决定。例如，称得基准物质碳酸钠的重量记录为 2.1500g，这意味着小数点后第四位的 0 是可疑的，但是必须要写。如果写成 2.150g，则小数点后第三位也变成有误差了。同样，滴定管的读数记录为 28.00ml，如果写成 28.0ml，甚至写成 28ml，则不仅是小数点后第一位，连个位数都成估计出的。

数字中的“0”，具有双重意义。若作为普通数字使用，它就是有效数字；若作为定位用，则不是有效数字。例如，滴定管读数 25.00ml，两个“0”都是测量数字，都是有效数字，此时有效数字为四位。若改用升表示则是 0.02500L，这时前面的两个“0”仅起定位作用，不是有效数字，此数仍是四位有效数字，改变单位应不改变有效数字的位数。

在分析中常见的 pH、pK 和 lg$K$ 等对数值，有效数字的位数仅取决于小数部分数值的位数。因整数部分只说明该真数中的 10 的次方数。例如 pH 为 10.68，其有效数字为两位，而不是四位；因其真数即$[H^+]=2.1\times10^{-11}$ mol·L^{-1}是两位有效数字；至于在测定和分析中遇到一些倍数和分数的关系，如 Na_2CO_3 与 HCl 反应时物质的量的关系：

$$n(Na_2CO_3)=\frac{1}{2}n(HCl)$$

分母上的“2”并不意味着只有一位有效数字。它是自然数，非测量所得，应视为无限多位有效数字。

(二) 有效数字运算规则

在对分析结果进行计算时，每个测量值的误差都要传递到结果中去。因此必须运用有效数字的运算规则，做到合理取舍。

(1) 取舍规则：目前多采用“四舍六入五留双”规则对数字进行取舍。当有效数字位数确定之后，其尾数不大于 4 时舍去；尾数不小于 6 时进位；当尾数为 5 时，若有效数字末位的可疑数字是偶数时，将 5 舍弃，若为奇数则进位。根据此规则，如将 0.3254，21.46，1.625 和 1.635 按三位有效数字取舍尾数，则分别为 0.325，21.5，1.62 和 1.64。

(2) 加减法：当几个数据相加减时，以小数点后位数最少者为依据，而不是有效数字最少者。如：12.43＋1.289＋0.345＝14.06，应以 12.43 为依据，为便于计算可先取舍再计算，写成 12.43＋1.29＋0.34＝14.06。

(3) 乘除法：当几个数据相乘除时，以有效数字位数最少者为准。在 5.2146×0.14 的运算中，可写成 5.2×0.14＝0.73。

(4) 计算有效数字位数时，若第一位有效数字等于或大于 8 时，则其位数可多算一位。例如 9.5 只有两位有效数字，因其已接近 10.0 可认为它有三位有效数字。

(5) 在任何计算中，常数 π、e 的数值以及稀释倍数等，有效数字的位数均无限制，需要几位就写几位。

(6) 在常量分析中，一般要求四位有效数字，以表明分析结果有千分之一的准确度。

三、实验结果误差大小的正确表达

实验结果的数据处理，还包括离群值的取舍、Q 检验等多种统计处理，在后续课程中将会学习到。下面仅讨论实验结果的准确度和精密度，以及它在实验报告中的正确表达。

1. 准确度 表示分析结果包含的误差用准确度。准确度是指测定值(X)与真实值(T)相符合的程度，用误差的大小来表示。误差(E)有不同的表示法。

绝对误差：

$$E=X-T$$

相对误差：

$$RE=\frac{E}{T}\times 100\%$$

由于测定值可大于、也可小于真实值，所以误差有正有负。绝对误差和相对误差都能反映测量的正确程度，但相对误差反映了误差在真实值中所占的百分比，能代表结果中误差的影响有多大。例如，称量某物体的绝对误差为 10mg，若该物体质量为 100g 时，则 10mg 只占万分之一，若该物体质量为 1g 时，10mg 则占百分之一。

由于在含量测定中，不可避免会有误差，所以做实验时，常常重复几次测定。但是几次测定的结果又常常不相同，所以在报告结果时，要报告平均值：

测定结果：

X

1.234

1.238

1.236

1.234

1.235

平均($\overline{X}$)1.236

但是这样又引起一个新问题。如果另一名工作者在测量上面那个物体时，得到是如下测定结果：

X

1.226

1.234

1.245

1.239

1.236

平均($\overline{X}$)1.236

平均值相同，但是后一结果的可靠性不如前者，因为它们很分散。因此我们还用精密度表示几次重复测定结果彼此符合的程度。

2. 精密度　在实际工作中，由于真实值往往不知道，故为了获得可靠的分析结果，人们总是在相同条件下对样品平行测定几次，然后取平均值。如果几个数据比较接近，说明分析结果的精密度高。所谓精密度就是几次平行测定结果相接近的程度。精密度高低用偏差表示，偏差小，精密度高；偏差大，精密度低。偏差(d)指每次测定结果(X)与多次平行测定结果的均值($\overline{X}$)值之差。偏差有多种表示方法。

绝对偏差：

$d_i = X_i - \overline{X}$（X_i 指个别一次测量结果，d_i 指该结果的绝对偏差）

相对偏差：

$d_i\% = \frac{d_i}{\overline{X}} \times 100\%$（$d_i\%$指第 i 个测定结果所包含的偏差占平均值的百分数）

由于我们需要的是对整组数据平均值的离散程度，所以常用平均偏差($\overline{d}$)或相对平均偏差($\overline{d}\%$)来表示。

平均偏差：

$$\overline{d} = \frac{|d_1| + |d_2| + \cdots + |d_n|}{n}$$

式中 $|d_1|$ 、$|d_2|\cdots|d_n|$ 分别代表各次测定结果的绝对偏差的绝对值，n 代表测定次数。

相对平均偏差：

$$\overline{d}\% = \frac{\overline{d}}{\overline{X}} \times 100\%$$

由于相对平均偏差能代表一组结果偏离平均值的程度在所得结果中的影响大小，所以常用它表示精密度。在滴定分析的实验报告中，相对偏差是报告测定结果不可缺少的数据。

（杨仕豪）

第二章 经典验证性实验

实验一 电子分析天平称量练习

【实验目的】

(1) 了解电子分析天平的称量原理，掌握电子分析天平的正确使用方法。

(2) 掌握直接法称量的操作方法，学会称量瓶与干燥器的使用。

【实验原理】

参见第一章第四节有关内容。

【实验仪器与试剂】

电子分析天平、干燥器、烧杯、称量瓶、石英砂、铝片。

【实验步骤】

1. 准备工作

(1) 仔细阅读“第一章第四节”中电子分析天平部分。

(2) 按所使用的 AY120 型电子分析天平进行称量。

(3) 取下天平罩，进行水平调节，观察水平仪是否水平，如水平仪水泡偏移，需调整水平调节脚，使水泡位于水平仪中心。

(4) 在测定开始前机器先预热。

(5) 按“POWER/BRK”键(待机状态显示屏全灭)，显示屏全亮，出现“±8 888 888%”g，约 2 秒后，显示称量模式“0.0000g”。如果显示不是“0.0000g”，按“TARE”键去皮。

2. 递减称量法练习 用洁净纸条从干燥器中夹取称量瓶，先在台称上预称，称准到 0.1g，然后在电子分析天平上称重(称准到 0.1mg)，记录质量为 Wg。

同法分别称取瓶盖和瓶身的质量，记为 W_1g 和 W_2g。(W_1+W_2)与 W 的绝对误差应小于 0.5mg。

3. 固定质量称量法练习 称量 1.3～1.4g 无水碳酸钠于烧杯中。

从干燥器中取出盛有无水碳酸钠试剂瓶，称量时将洁净称量纸置于秤盘上，关上侧门，轻按“TARE”键去皮，天平将自动校对零点，用药匙从试剂瓶取无水碳酸钠逐渐加入到称量纸上，直到所需质量为止。关上侧门，被称无水碳酸钠的质量就是显示屏左下角出现“→”标志时，显示屏所显示的实际数值，记录数据。取出称量纸，将无水碳酸钠倒入烧杯。重复练习三次。关闭侧门，按“POWER/BRK”键，使电子分析天平处于待机状态，显示屏全灭，打扫干净，罩上天平罩。

【实验结果】

将实验结果填入表 2-1、表 2-2 中。

表 2-1　直接称量法练习

项目	第一次	第二次	第三次
称量瓶 W(g)			
瓶盖 W_1(g)			
瓶身 W_2(g)			

表 2-2　固定质量称量法练习

项目	第一次	第二次	第三次
无水碳酸钠 W(g)			

【注意事项】

(1) 天平应放置在牢固平稳水泥台或木台上，室内要求清洁、干燥及较恒定的温度，同时应避免光线直接照射到天平上。

(2) 称量时应从侧门取放物质，读数时应关闭箱门以免空气流动引起天平摆动。

(3) 天平箱内应放置吸潮剂(如硅胶)，当吸潮剂吸水变色，应立即高温烘烤更换，以确保吸湿性能。

(4) 挥发性、腐蚀性、强酸强碱类物质应盛于带盖称量瓶内称量，防止腐蚀天平。

【思考题】

(1) 什么情况下用直接称量法？什么情况下用增量称量法？什么情况下用减量称量法？

(2) 用差减法称取试样，若称量瓶内的试样吸湿，将对称量结果造成什么误差？若试样倾倒入烧杯内以后再吸湿，对称量是否有影响？

(郑明彬)

实验二　盐酸标准溶液浓度的标定

【实验目的】

(1) 掌握用基准物质标定盐酸溶液浓度的方法。

(2) 学会移液管、容量瓶的使用方法，熟悉电子分析天平称量的基本操作。

(3) 掌握滴定管的正确使用和滴定操作技术方法。

【实验原理】

标定强酸溶液可用无水碳酸钠(Na_2CO_3)、硼砂($Na_2B_4O_7 \cdot 10H_2O$)等基准物质或已知准确浓度的强碱溶液。碳酸钠易制纯、价廉，但易吸收 CO_2，所以用前必须在 270～300℃加热约 1 小时，稍冷后，置于干燥器中冷却至室温备用。本实验是将已配好的近似浓度的盐酸溶液用无水碳酸钠进行标定。反应式如下：

$$Na_2CO_3 + 2HCl = 2NaCl + H_2O + CO_2 \uparrow$$

化学计量点时，溶液的 pH 为 3.9，可选用甲基橙指示剂(终点时指示剂颜色由黄色变为橙色)，标定结果按下式计算：

$$c(HCl) = \frac{2 \times \frac{20.00}{250.0} \times w(Na_2CO_3) \times 1000}{M(Na_2CO_3) \times \Delta V(HCl)}$$

$w(Na_2CO_3)$为所称 Na_2CO_3 的质量，$M(Na_2CO_3)$为 Na_2CO_3 的摩尔质量。

【实验仪器与试剂】

电子分析天平、酸式滴定管(25ml)、滴定管架、锥形瓶(250ml)、移液管(20ml)、洗瓶、洗耳球、烧杯(100ml)、容量瓶(250ml)、盐酸溶液($0.1mol \cdot L^{-1}$)、无水碳酸钠(基准物质)、甲基橙指示剂。

【实验步骤】

1. 基准物质碳酸钠溶液的配制　在电子分析天平上精确称取经 105℃干燥至恒重的无水碳酸钠 1.30～1.35g，置于洁净的 100ml 烧杯中，加入蒸馏水 30ml，用玻璃棒小心搅拌，待碳酸钠全部溶解后，定量转入 250ml 容量瓶中，用少量蒸馏水淋洗烧杯 2～3 次，淋洗液一并转入容量瓶中，加蒸馏水至标线，盖好瓶塞，充分摇匀。

2. 盐酸溶液浓度的标定

(1) 取已洗净的酸式滴定管，用近似 $0.1mol \cdot L^{-1}$的盐酸溶液 5～8ml 润洗 2～3 次，再装入该盐酸溶液，排气，静置片刻，调节管内溶液的弯月面至 0.00ml 刻度或稍低于“0”刻度处，准确记录最初读数(准确至小数点后第二位)。

(2) 取 20ml 移液管，用少量上述配制碳酸钠标准溶液润洗 2～3 次后，吸取该碳酸钠标准溶液 20.00ml 置于 250ml 锥形瓶中，加甲基橙指示剂 1～2 滴，摇匀。

(3) 从滴定管中将 $0.1mol \cdot L^{-1}$的盐酸溶液滴入锥形瓶中、边滴边摇，滴至溶液恰好由黄色变为橙色即为终点，准确记录滴定管的最终读数，算出所耗盐酸溶液的体积，依上法平行测定三次，计算出盐酸溶液的浓度。

【实验结果】

将实验结果填入表 2-3 中。

表 2-3　标定 0.1mol · L^{-1} 的盐酸溶液

$w(Na_2CO_3)$=__________ g

	1	2	3
Na_2CO_3 的体积/ml	20.00	20.00	20.00
HCl 初读数/ml			
HCl 终计数/ml			
ΔV(HCl)/ml			
c(HCl)/mol · L^{-1}			
$c_{平均}$(HCl)/mol · L^{-1}			
个别测定的绝对偏差			
相对平均偏差			

【思考题】

(1) 本实验为什么不用酚酞作为指示剂?

(2) 下列情况,对标定的浓度有无影响? 结果怎样?

1) 装入盐酸溶液的滴定管没有用该盐酸溶液润洗。

2) 滴定管中盐酸溶液的初读数应为 0.01ml,而记录数据时,误记为 0.10ml。

3) 锥形瓶用碳酸钠标准溶液润洗。

4) 无水碳酸钠保存不当,已吸水。

(杨仕豪)

实验三　醋酸解离度与解离常数的测定

【实验目的】

(1) 了解测定弱酸解离度和离解常数的方法。

(2) 学会吸量管和滴定管的使用，掌握酸度计用法。

【实验原理】

醋酸(HAc)是弱电解质，在水溶液中存在下列电离平衡：

$$HAc + H_2O \rightleftharpoons H_3O^+ + Ac^-$$

一定温度下，解离达到平衡时：

$$K_a = \frac{[H_3O^+][Ac^-]}{[HAc]} \tag{3-1}$$

式中：$[H_3O^+]$、$[Ac^-]$、$[HAc]$分别为 H_3O^+、Ac^-、HAc 的平衡浓度，若 c 为 HAc 的起始浓度，α 为解离度，K_a 为解离平衡常数，则在纯的 HAc 溶液中，电离平衡时有：

$$[H_3O^+] = [Ac^-] = c\alpha$$
$$[HAc] = c(1-\alpha)$$

将它们代入式(3-1)得：

$$K_a = \frac{c\alpha \cdot c\alpha}{c(1-\alpha)} = \frac{c\alpha^2}{1-\alpha} \tag{3-2}$$

c 为 HAc 的起始浓度，可用标准 NaOH 溶液标定测得，$\alpha = [H_3O^+]/c$。$[H_3O^+]$可用酸度计测定醋酸溶液的 pH 得到。由式(3-2)便可求出 K_a 值。

【实验仪器与试剂】

滴定管(20ml)、锥形瓶(250ml)、烧杯(100ml)、容量瓶(50ml)、移液管(20ml)、吸量管(5ml)、酸度计(pHSJ-3F 型)、温度计、HAc($0.2mol \cdot L^{-1}$)、已标定过的标准 NaOH 溶液($0.2mol \cdot L^{-1}$)、酚酞指示剂、pH 为 4.00(25℃)的标准缓冲溶液。

【实验步骤】

1. 醋酸溶液浓度的标定(准确至四位有效数字)　用移液管吸取 20.00ml HAc 溶液置于锥形瓶中，加入 2～3 滴酚酞指示剂，用 NaOH 标准溶液滴定至刚出现微红色摇动后约半分钟不褪色为止，记下用去 NaOH 标准溶液的体积。平行滴定二次，并计算 HAc 溶液的浓度。

2. 配制不同浓度的醋酸溶液　将 3 个 50ml 容量瓶编成 1 号、2 号、3 号，用吸量管或移液管分别吸取 20.00ml、5.00ml 和 2.50ml HAc 溶液置于上述 3 个容量瓶中，用蒸馏水定容，摇匀，并计算浓度值。加上初始的 HAc 溶液共有 4 种不同浓度的溶液。

3. 测定 HAc 溶液的 pH　将上述四种浓度的 HAc 溶液分别置于 4 支干燥的小烧杯中，按由稀到浓的次序在酸度计上分别测定它们的 pH，记录数据和温度，并计算解离度和解离常数(酸度计的用法详见第一章第六节常用仪器的操作和使用)。

【实验结果与处理】

将实验结果填入表 2-4、表 2-5 中。

表 2-4　醋酸溶液浓度测定

	第一次	第二次
HAc 的体积/ml	20.00	20.00
NaOH 初读数/ml		
NaOH 终计数/ml		
ΔV(NaOH)/ml		
HAc 浓度/mol · L^{-1}		
HAc 平均浓度/mol · L^{-1}		

表 2-5　醋酸解离度和解离常数测定

编号	HAc 体积/ml	[HAc]/mol · L^{-1}	pH	[H_3O^+]/mol · L^{-1}	α	K_a
1	2.50					
2	5.00					
3	20.00					
4	初始 HAc 溶液					

【实验计算】

$$K_a=\frac{c\alpha \cdot c\alpha}{c(1-\alpha)}=\frac{c\alpha^2}{1-\alpha}$$

当 $\alpha<5\%$ 时，　　$1-\alpha\approx 1$　　$K_a\approx c\alpha^2$

如测得已知浓度的 HAc 的 pH，由 $pH=-\lg[H^+]$，计算出 $[H^+]$，即可算出 α 及 K_a。

【思考题】

(1) 相同温度下，不同浓度 HAc 溶液的 α 值是否一样，K_a 值呢？改变温度，则 α 值、K_a 值有无变化？

(2) 使用酸度计时应特别注意哪些事项？

（梅　俊）

实验四　高锰酸钾标准溶液的标定

【实验目的】

(1) 了解 $KMnO_4$ 标准溶液的配制和储存方法。

(2) 掌握用 $Na_2C_2O_4$ 作为基准物质标定 $KMnO_4$ 溶液的原理及方法。

(3) 了解自身指示剂的实验。

【实验原理】

市售的 $KMnO_4$ 试剂常含有少量 MnO_2 和其他杂质，而且 $KMnO_4$ 是强氧化剂，容易与水中有机物、空气中尘埃等还原性物质反应，因此 $KMnO_4$ 标准溶液不能直接配制成准确浓度，只能先配成近似浓度的溶液，经过煮沸，过滤处理后，再用基准物质标定出准确浓度。另外，$KMnO_4$ 溶液在热和光的辐射下还能自行分解：

$$4KMnO_4 + 2H_2O = 4MnO_2\downarrow + 4KOH + 3O_2\uparrow$$

所以长期储存的 $KMnO_4$ 标准溶液应保存在棕色试剂瓶中，并定期进行标定。

标定 $KMnO_4$ 的基准物质较多，有 As_2O_3、$H_2C_2O_4 \cdot 2H_2O$、$Na_2C_2O_4$ 和纯铁丝等。其中 $Na_2C_2O_4$ 易精制、不含结晶水、吸湿性小和热稳定性好，故常被采用。用 $Na_2C_2O_4$ 标定 $KMnO_4$ 的反应为：

$$2MnO_4^- + 5C_2O_4^{2-} + 16H^+ = 2Mn^{2+} + 10CO_2\uparrow + 8H_2O$$

为了使这个反应能够定量、较快进行，应注意下列反应条件：

1. 温度　上述反应在室温下进行较慢，常需将溶液加热到75～80℃，并趁热滴定，滴定完毕时的温度不应低于60℃；但加热温度不能过高，若高于90℃，$H_2C_2O_4$ 会部分分解。

2. 酸度　该反应需在酸性介质中进行，并以 H_2SO_4 调节酸度，不能用 HCl 或 HNO_3 调节，因 Cl^- 有还原性，能与 MnO_4^- 反应；HNO_3 有氧化性，能与被滴定的还原性物质反应。为使反应定量进行，溶液酸度一般控制在 0.5～1.0 $mol \cdot L^{-1}$ 范围内。酸度不够时容易生成 MnO_2 沉淀，酸度过高又会促进 $H_2C_2O_4$ 分解。

3. 滴定速度　该反应为自动催化反应，反应中生成的 Mn^{2+} 离子具有催化作用。因此滴定开始时的速度不宜太快，应逐滴加入，待到第一滴 $KMnO_4$ 溶液颜色褪去后，再加入第二滴。否则酸性热溶液中 $KMnO_4$ 来不及与 $C_2O_4^{2-}$ 反应而分解，导致结果偏低。

4. 催化剂　用 $KMnO_4$ 溶液滴定时，开始加入的几滴溶液褪色较慢，但当这几滴 $KMnO_4$ 与 $Na_2C_2O_4$ 作用完毕后，反应速度就逐渐加快。这是由于反应生成的 Mn^{2+} 在反应中起着催化剂的作用，可以使反应速度逐渐加快。

5. 指示剂　$KMnO_4$ 溶液自身也为指示剂。当反应到达化学计量点附近时，滴加一滴 $KMnO_4$ 溶液后，锥形瓶中溶液呈稳定的微红色且半分钟不褪色即为终点。若在空气中放置一段时间后，溶液颜色消失，不必再加入 $KMnO_4$ 溶液，这是因为 $KMnO_4$ 溶液与空气中还原性物质反应造成的。

【实验仪器与试剂】

电子分析天平、台秤、酸式滴定管(25 ml)、移液管(20 ml)、容量瓶(250 ml)、锥形瓶(250 ml)、烧杯(100ml)、量筒(10ml)、棕色试剂瓶(500ml)、砂芯漏斗、$KMnO_4$(固体，AR级)、$Na_2C_2O_4$(固体，基准物质，150～200℃干燥1小时后，放入干燥器中保存)、H_2SO_4(6 $mol \cdot L^{-1}$)。

【实验步骤】

1. 0.02mol · L^{-1} $KMnO_4$ 溶液的配制　用台秤称取 $KMnO_4$ 约 1.5 g，置于烧杯中，加蒸馏水溶解，稀释至 500 ml，盖上表面皿加热至沸并保持微沸状态 1 小时，静置 2 天以上（用沸水溶解，静置 7～8 天）。然后用砂芯漏斗或玻璃棉过滤（不能用滤纸，因其是有机物，能被 $KMnO_4$ 氧化），除去析出的 MnO_2 沉淀。滤液置于棕色试剂瓶中，在暗处密闭保存，以待标定。

2. $Na_2C_2O_4$ 溶液的配制　准确称取基准物质 $Na_2C_2O_4$ 1.6～1.7g（称准至 0.1mg）。置于小烧瓶中，加适量蒸馏水稍加热使之溶解，放至室温，定量转移至 250ml 容量瓶中，加蒸馏水稀释至标线，摇匀。

3. $KMnO_4$ 标准溶液的标定　用移液管吸取 $Na_2C_2O_4$ 标准溶液 20.00ml 置于 250 ml 锥形瓶中，加 6 mol · L^{-1} H_2SO_4 5 ml，摇匀。加热溶液至有蒸气冒出（约 75～85℃），趁热用 $KMnO_4$ 溶液滴定，待到第一滴紫红色褪去，再滴加第二滴，此后滴定速度控制在每秒 2～3 滴为宜。接近终点时，应减慢滴定速度，且充分摇匀，直到溶液显淡红色（保持 30 秒不褪色）即达到滴定终点，平行标定 3 次。

【实验结果】

将实验结果填入表 2-6 中。

表 2-6　$KMnO_4$ 标准溶液浓度的标定

$w(Na_2C_2O_4)$＝________ g

	1	2	3
$V(Na_2C_2O_4)$/ml	20.00	20.00	20.00
$V_0(KMnO_4)$ /ml			
$V_1(KMnO_4)$ /ml			
$\Delta V(KMnO_4)$ /ml			
$c(KMnO_4)$ / mol · L^{-1}			
$c(KMnO_4)$平均值/ mol · L^{-1}			
相对平均偏差			

【实验计算】

根据基准物质的质量与滴定时所消耗的 $KMnO_4$ 溶液体积，计算出 $KMnO_4$ 溶液的准确浓度。计算公式如下：

$$c(KMnO_4)=\frac{2}{5}\times\frac{w(Na_2C_2O_4)\times 1000}{M(Na_2C_2O_4)\times \Delta V(KMnO_4)}\times\frac{20.00}{250.0}$$

式中：$w(Na_2C_2O_4)$为 $Na_2C_2O_4$ 的质量；$M(Na_2C_2O_4)$为 $Na_2C_2O_4$ 的摩尔质量。

【注意事项】

(1) 蒸馏水中常含有少量的还原性物质，使 $KMnO_4$ 还原为 $MnO_2 \cdot nH_2O$。市售高锰酸钾内含的细粉状的 $MnO_2 \cdot nH_2O$ 能加速 $KMnO_4$ 的分解，故通常将 $KMnO_4$ 溶液煮沸一段时间，冷却后，还需放置 2～3 天，使之充分作用，然后将沉淀物过滤除去。

(2) $KMnO_4$ 标准溶液应放在酸式滴定管中，由于 $KMnO_4$ 溶液颜色很深，液面凹下弧线不易看出，因此，应该从液面最高边上读数。

【思考题】

(1) 用 $Na_2C_2O_4$ 为基准物标定 $KMnO_4$ 溶液时，应注意哪些反应条件?

(2) 可否用 HNO_3 或 HCl 来控制酸度，采用加热或加催化剂等方法来加快反应速度? 为什么?

(3) 在装满 $KMnO_4$ 溶液的烧杯或滴定管久置后，其壁上常有棕色沉淀，且不易洗净，该棕色沉淀是什么? 应该怎样洗涤?

(4) 为什么滴定至溶液呈微红色并保持 30 秒不褪色即可认为滴定已到达终点?

（吴都督）

实验五　双氧水中过氧化氢含量的测定(高锰酸钾法)

【实验目的】

(1) 掌握用高锰酸钾法测定过氧化氢含量的原理和方法。

(2) 学会液体试样的取样和稀释的方法。

【实验原理】

双氧水(过氧化氢)是医药上常用的消毒剂,药用双氧水含 H_2O_2 为 2.5%～3.5%(g・ml^{-1}),其含量的测定常用高锰酸钾法。在强酸性条件下,H_2O_2 能定量的被 $KMnO_4$ 氧化而生成 O_2 和 H_2O,其反应方程式如下:

$$5H_2O_2 + 2MnO_4^- + 6H^+ \xlongequal{} 2Mn^{2+} + 5O_2\uparrow + 8H_2O$$

为了使此反应能够较快的定量进行,应注意控制以下实验条件:

1. 温度　H_2O_2 不稳定,受热易分解,所以此反应需在室温下进行。

2. 酸度　溶液的酸度用 H_2SO_4 控制在 0.5～1.0mol・L^{-1}为宜,不能用 HCl 或 HNO_3 来调节酸度。

3. 速度　滴定开始时,反应速度很慢,随着 Mn^{2+} 的产生反应速度会逐渐加快。如果在滴定前,溶液中加入几滴 $MnSO_4$,则在滴定一开始,反应速度就相对较快。Mn^{2+} 在此反应中起着催化剂的作用。

4. 自身指示剂　$KMnO_4$ 本身有颜色,溶液中稍过量的 $KMnO_4$(约 2×10^{-6}mol・L^{-1})即可显示出粉红色,所以一般不必另外加入指示剂。

市售双氧水的浓度较大,须经稀释后方可滴定。若市售的双氧水中加有少量乙酰苯胺或尿素等作稳定剂,它们也有还原性,妨碍测定。在这种情况下,应采用碘量法测定。

【实验仪器与试剂】

酸式滴定管(25ml),移液管(25ml),吸量管(1ml),锥形瓶(250ml),容量瓶(250ml),量筒(10ml)、$KMnO_4$(0.02 mol・L^{-1})、H_2SO_4(6mol・L^{-1})、市售双氧水。

【实验步骤】

1. 双氧水的稀释　用移液管精确移取 1.00ml 市售双氧水置于 250ml 容量瓶中,加蒸馏水稀释至标线,摇匀备用。

2. 双氧水中 H_2O_2 含量的测定　用移液管吸取 25.00ml 稀释后的双氧水待测液,置于 250ml 锥形瓶中,加蒸馏水 25ml 和 6mol・L^{-1} H_2SO_4 5ml,用标定好的 $KMnO_4$ 标准溶液滴至溶液显粉红色(保持 30 秒不褪色),即为滴定终点,记录数据,平行测定 3 次。

【实验结果】

将实验结果填入表 2-7 中。

表 2-7 过氧化氢含量的测定

$V_0(H_2O_2)$=______ ml

	1	2	3
$V(H_2O_2)$/ml	25.00	25.00	25.00
$V_0(KMnO_4)$ /ml			
$V_1(KMnO_4)$ /ml			
$\Delta V(KMnO_4)$ /ml			
$H_2O_2\%/g\cdot ml^{-1}$			
$H_2O_2\%$平均值$/g\cdot ml^{-1}$			
相对平均偏差			

【实验计算】

按下式计算双氧水中 H_2O_2 的百分含量(单位 $g\cdot ml^{-1}$):

$$H_2O_2\% = \frac{\frac{5}{2}\times c(KMnO_4)\times \Delta V(KMnO_4)\times M(H_2O_2)}{V_0(H_2O_2)\times \frac{25.00}{250.0}\times 1000}\times 100\%$$

式中:$c(KMnO_4)$为 $KMnO_4$ 的浓度;$M(H_2O_2)$为 H_2O_2 的摩尔质量。

【注意事项】

(1) 滴定在室温下进行,切勿加热。

(2) 滴定 H_2O_2 时,室温下滴定速度更慢,要严格控制速度。遵循慢—快—慢原则。开始反应慢,在滴入第一滴 $KMnO_4$ 溶液后,剧烈摇动锥形瓶,待紫红色褪去后再加第二滴,随后滴定速度可适当加快,但也不能太快。滴定至颜色褪去较慢时再放慢速度。

(3) 观察滴定终点的时间不宜太长。只要滴定到溶液呈现粉红色并在 30 秒内不消失即可。

(4) 标定过的 $KMnO_4$ 溶液放置久了,用之前需重新标定。

【思考题】

(1) 除用高锰酸钾法测定过氧化氢的含量外,还可以用什么方法?举例说明。

(2) 用高锰酸钾法测定过氧化氢的含量时,能否用加热的方法来加快反应速度,为什么?

(3) 用 $KMnO_4$ 法测定 H_2O_2 溶液时,能否用 HNO_3、HCl 和 HAc 控制酸度,为什么?

(4) 为什么滴定速度不能太快,太快会引起什么后果?

(魏美燕)

实验六 葡萄糖酸钙含量的测定(螯合滴定法)

【实验目的】

(1) 掌握 EDTA 的配制和螯合滴定法的基本原理。

(2) 学习用螯合滴定法测定钙盐含量的方法。

(3) 了解金属指示剂的特点和作用原理。

【实验原理】

乙二胺四乙酸(简称 EDTA)用 H_4Y 表示,难溶于水,通常采用它的二钠盐($Na_2H_2Y \cdot 2H_2O$)来配制标准溶液。乙二胺四乙酸二钠盐是白色结晶粉末,易溶于水,经提纯后可作为基准物质,直接配制标准溶液。由于 EDTA 能与大多数金属离子形成稳定的无色的 1∶1 型的螯合物,计量关系简单,故常用作配位滴定的标准溶液。

金属指示剂(In)为有机染料,能与金属离子(M)形成与游离指示剂颜色不同的有色配合物(MIn),可根据滴定过程中溶液颜色的改变指示终点。以 EDTA 滴定 M 为例,反应如下:

终点前,部分 M 与 In 配位生成 MIn:

$$\mathrm{M} + \underset{(色\,A)}{\mathrm{In}} \rightleftharpoons \underset{(色\,B)}{\mathrm{MIn}}$$

由于 K_{MIn} 小于 K_{MY},终点时,加入的 EDTA 夺取 MIn 中的 M:

$$\underset{(色\,B)}{\mathrm{MIn}} + \mathrm{Y} \rightleftharpoons \mathrm{MY} + \underset{(色\,A)}{\mathrm{In}}$$

In 被游离出来,而显示其本身的颜色,表示终点达到。

常用的金属指示剂是铬黑 T,它在 pH 为 10 的缓冲液中,以纯蓝色游离的 HIn^{2-} 形式存在,与 Ca^{2+}、Mg^{2+} 离子形成紫红色的配合物,通式为:

$$M^{2+} + \underset{(蓝色)}{HIn^{2-}} \rightleftharpoons \underset{(紫红色)}{MIn^{-}} + H^{+}$$

金属指示剂应具备的条件是:

(1) 与金属离子生成的配合物颜色应与指示剂本身的颜色有明显区别。

(2) 金属指示剂与金属配合物的稳定性应比金属与 EDTA 配合物的稳定性低。

Ca^{2+}、Mg^{2+} 离子与 EDTA 及铬黑 T 形成配合物的稳定性不同,其稳定性大小的顺序为:$CaY^{2-} > MgY^{2-} > MgIn^{-} > CaIn^{-}$。

葡萄糖酸钙是临床常用药物,分片剂和针剂两种,其含量的测定常用螯合滴定法:用 pH 为 10 的 $NH_3 \cdot H_2O\text{-}NH_4Cl$ 缓冲溶液来调节溶液的酸度,以铬黑 T 作指示剂,用 EDTA 标准溶液直接滴定至溶液由紫红色变为纯蓝色,即为终点。

因 Ca^{2+} 与铬黑 T 形成的螯合物($CaIn^{-}$)不够稳定,单独使用铬黑 T 会使终点提前到达,因此可加入少量 Mg^{2+} 作辅助指示剂,其作用原理如下:

先将 Mg^{2+} 试液和铬黑 T 加入 $NH_3 \cdot H_2O\text{-}NH_4Cl$ 缓冲溶液中,用 EDTA 标准溶液滴至溶液呈纯蓝色:

$$Mg^{2+} + HIn^{2-} \rightleftharpoons MgIn^{-} + H^{+}$$

（紫红色）

$$MgIn^{-} + H_2Y^{2-} \rightleftharpoons MgY^{2-} + HIn^{2-} + H^{+}$$

（纯蓝色）

然后在此铬黑 T 和 MgY^{2-} 的混合液中，加入含 Ca^{2+} 的样品液，则发生下列反应：

$$MgY^{2-} + Ca^{2+} \rightleftharpoons CaY^{2-} + Mg^{2+}$$

$$Mg^{2+} + HIn^{2-} \rightleftharpoons MgIn^{-} + H^{+}$$

在用 EDTA 滴定的过程中不断消耗 Ca^{2+}，当 Ca^{2+} 消耗完了以后 EDTA 再从 $MgIn^{-}$ 中夺取 Mg^{2+}，游离出铬黑 T，溶液由紫红色变为纯蓝色，即到达终点：

$$MgIn^{-} + H_2Y^{2-} \rightleftharpoons MgY^{2-} + HIn^{2-} + H^{+}$$

由此可见，在含 Ca^{2+} 样品液中加入的是 MgY^{2-}，滴定到终点仍回复到 MgY^{2-}，所以它不消耗 EDTA 溶液，只是起了辅助铬黑 T 指示终点的作用。

【实验仪器与试剂】

电子分析天平、滴定管（25ml）、移液管（20ml）、容量瓶（250ml）、锥形瓶（250ml）、烧杯（100ml）、$Na_2H_2Y \cdot 2H_2O$（基准物质）、$MgSO_4$（1%）、葡萄糖酸钙（针剂）、铬黑 T（0.5%）、$NH_3 \cdot H_2O\text{-}NH_4Cl$ 缓冲溶液（pH=10）。

【实验步骤】

1. 0.01mol · L^{-1} EDTA 标准溶液的配制 准确称取基准物质 $Na_2H_2Y \cdot 2H_2O$（M_r=372.2）1.0～1.1g（称至小数点后第四位），置于干净烧杯中，加适量蒸馏水溶解，定量转移至 250 ml 容量瓶中，加蒸馏水稀释至刻度，摇匀备用。计算其准确浓度（mol · L^{-1}）。

2. 葡萄糖酸钙含量的测定 取蒸馏水 10 ml 置于 250ml 锥形瓶中，加入 pH 为 10 的 $NH_3 \cdot H_2O\text{-}NH_4Cl$ 缓冲溶液 10 ml，1% $MgSO_4$ 1～2 滴和铬黑 T 2～3 滴，摇匀。用 EDTA 标准溶液滴定至溶液恰好变为纯蓝色，然后用移液管吸取 20.00ml 葡萄糖酸钙（M_r=448.6）待测液于上述锥形瓶中，继续用 EDTA 标准溶液滴定至溶液由紫红色变为纯蓝色，即达终点，平行测定 3 次。根据葡萄糖酸钙所消耗的 EDTA 溶液的体积计算针剂葡萄糖酸钙的含量（mg · ml^{-1}）。

【实验计算】

$$c(\text{EDTA}) = \frac{m(\text{EDTA}) \times 1000}{M(\text{EDTA}) \times 250.0}$$

$$\text{葡萄糖酸钙} = \frac{c(\text{EDTA}) \times V_2 - V_1 \times M(\text{葡萄糖酸钙})}{V(\text{葡萄糖酸钙})}$$

【数据记录与处理】

将实验结果填入表 2-8 中。

表 2-8 葡萄糖酸钙含量的测定

No.	1	2	3
V_0(EDTA)/ml			
V_1(EDTA)/ml			
加入 $V(Ca^{2+})$/ml	20.00	20.00	20.00

续表

No.	1	2	3
V_2(EDTA)/ml			
(V_2-V_1)EDTA/ml			
葡萄糖酸钙/g · ml^{-1}			
平均葡萄糖酸钙/g · ml^{-1}			

【注意事项】

(1) 在配制 EDTA 标准溶液时保证固体要全部溶解。

(2) 滴定管、移液管均需要润洗。

(3) 配位滴定速度不能太快，特别是近终点时要逐滴加入，并充分摇动，因为配位反应速度较中和反应要慢一些。

(4) 在配位滴定中加入金属指示剂的量是否合适对终点观察十分重要，应在实践中细心体会。

【思考题】

(1) 螯合滴定时为什么要加入 $NH_3 \cdot H_2O$-NH_4Cl 缓冲溶液?

(2) 为什么通常用乙二胺四乙酸钠盐配制 EDTA 溶液，而不是直接用乙二胺四乙酸?

(3) 配位滴定法与酸碱滴定法相比，有哪些共同点，又有哪些不同点，操作时应注意哪些问题?

(4) 在配位滴定中，指示剂应具备什么条件?

(5) 在测定葡萄糖酸钙含量时，为什么要加入少量的 Mg^{2+} 试液? 它会影响测定结果吗?

（许景秀）

实验七　邻菲啰啉分光光度法测定铁的含量

【实验目的】

(1) 熟悉邻菲啰啉分光光度法测定铁含量的原理和方法。

(2) 掌握分光光度计的使用方法。

【实验原理】

根据 Lambert-Beer 定律，当单色光通过一定厚度(L)的有色物质溶液时，有色物质对光的吸收程度(用吸光度 A 表示)与有色物质的浓度(c)成正比。

$$A=KcL$$

式中：K 为吸光系数，它是各种有色物质在一定波长下的吸收系数。在分光光度法中，当条件一定时，K、b 均为常数，此时，上式可写成：

$$A=Kc'$$

因此，在一定条件下，测出系列浓度的标准溶液的吸光度 A 值，以浓度为横坐标，吸光度 A 为纵坐标即可绘制出标准曲线。

在相同条件下，测定待测溶液的吸光度 A，然后在标准曲线中查出对应于横坐标的浓度，即为待测溶液的浓度。因待测溶液浓度不等于原样品溶液，最后还需按实验过程中稀释的倍数，计算出原样品溶液的浓度。

邻菲啰啉(邻二氮杂菲)是目前分光光度法测定铁含量的较好试剂。在 pH 为 2～9 的溶液中，试剂与 Fe^{2+} 生成稳定的红色配合物。反应中铁必须是亚铁状态，因此，在显色前需加入还原剂，如盐酸羟胺。反应如下

$$2Fe^{3+}+2NH_2OH\cdot HCl =\!=\!= 2Fe^{2+}+N_2+4H^{+}+2Cl^{-}+2H_2O$$

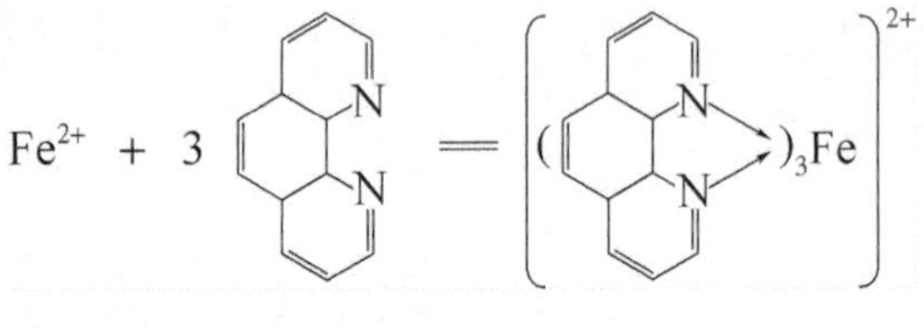

红色配合物的最大吸收波长(λ_{max})为 508nm。

【实验仪器与试剂】

722S 型分光光度计、容量瓶(50ml)、刻度吸量管、邻菲啰啉($8mmol\cdot L^{-1}$)、盐酸羟胺($1.5mol\cdot L^{-1}$)、NaAc($1mol\cdot L^{-1}$)；标准铁溶液($2.0mmol\cdot L^{-1}$)：准确称取 0.7842 克 $(NH_4)_2Fe(SO_4)_2\cdot 6H_2O$ 置于烧杯中，加入 $6mol\cdot L^{-1}$ HCl 120ml 和少量蒸馏水，溶解后转入 1000ml 容量瓶中，加蒸馏水稀释至刻度，摇匀备用。

【实验步骤】

1. 标准溶液和待测溶液的配制　取 50 ml 容量瓶 7 个，按表 2-9 所列的量，用吸量管量取各种溶液加入容量瓶中，加蒸馏水稀释至刻度，摇匀。即配成一系列标准溶液和待测溶液。

2. 吸光度(A)的测定　按 722S 型分光光度计的使用方法(详见几种仪器的使用方法)选择入射光波长 λ 为 508nm，用空白溶液调整仪器零点，然后测出所配一系列溶液的吸光度，记录结果。

3. 绘制标准曲线 标准曲线中 Fe^{2+} 离子的浓度($\mu mol \cdot L^{-1}$)为横坐标,以吸光度(A)为纵坐标绘制标准曲线。

4. 待测溶液中 Fe^{2+} 离子浓度的测定 根据测定由水样配制的待测溶液的吸光度,即可从标准曲线图上查得待测液的浓度。

【实验结果】

将实验结果填入表 2-9 中。

表 2-9 标准溶液及待测溶液

容量瓶编号	1 (空白)	2	3	4	5	6	7 (水样 10.00ml)
标准 Fe^{2+} 溶液/ml	0	0.40	0.80	1.20	1.60	2.00	0
盐酸羟胺/ml	1.0	1.0	1.0	1.0	1.0	1.0	1.0
邻菲啰啉/ml	2.0	2.0	2.0	2.0	2.0	2.0	2.0
NaAc 溶液/ml	5.0	5.0	5.0	5.0	5.0	5.0	5.0
标准 Fe^{2+} 溶液/$\mu mol \cdot L^{-1}$							
吸光度(A)							

标准曲线(左为坐标纸):

在坐标图中,查得待测液的含铁浓度 c= ______($\mu mol \cdot L^{-1}$)

【实验计算】

水样的含铁量浓度= ______($mg \cdot L^{-1}$)

【思考题】

(1) 为什么要尽量控制被测液的吸光度在 0.15~0.7 的范围内?如何控制?

(2) 由标准曲线查出的待测铁离子的浓度是否是原始水样中铁离子的浓度。

(刘江琴)

实验八　缓冲溶液的配制和性质

【实验目的】

(1) 学会缓冲溶液的配制方法。

(2) 掌握吸量管的使用方法。

(3) 掌握缓冲溶液的性质、缓冲容量与缓冲剂总浓度及其缓冲比的关系。

【实验原理】

人体体液(特别是血液)的 pH 能维持基本恒定(pH＝7.40±0.05),不受外加少量酸碱的影响。临床上各种酸中毒和碱中毒病例中血液 pH 偏高和偏低都与血液中 CO_2 和 HCO_3^- 浓度有关系。但是在什么情况下,CO_2 或 $NaHCO_3$ 才能把溶液维持在 pH 为 7.40 呢?

美国哈佛大学医学院的 Henderson 等人发现,如果用 NaOH 滴定一元弱酸(例如醋酸)时,开始滴入少量 NaOH 会引起 pH 突然上升。但是这种变化渐渐变小,以至于有一段,加入少量 NaOH 时,pH 没有什么改变。这一段刚好在醋酸被中和一半的前后。过了这一段之后,再加一点 NaOH 就会引起 pH 再次上升。

这是一个把医学问题转换成化学问题进行科学研究的重要线索,是否当溶液中有一种酸和它的盐共存时(特别是酸与盐的浓度比相差不大时),溶液的 pH 就不易受外加少量酸碱的影响。CO_2(即 H_2CO_3)和 $NaHCO_3$ 也是这样来维持血液 pH 恒定的吗?

实验证明:由弱酸及其共轭碱、弱碱及其共轭酸(简称为共轭酸碱对)组成的溶液,具有一定的 pH,当加入少量的强酸、强碱或稍加稀释时,能保持其 pH 基本不变,这种溶液就叫做缓冲溶液。

缓冲溶液的配制主要是根据 Henderson 公式:

$$\mathrm{pH}=\mathrm{p}K_a+\lg\frac{[\text{共轭碱}]}{[\text{共轭酸}]}=\mathrm{p}K_a+\lg\frac{[\mathrm{B}^-]}{[\mathrm{HB}]}$$

由于 $[\mathrm{B}^-]=c_{\mathrm{B}^-}\dfrac{V_{\mathrm{B}^-}}{V}$、$[\mathrm{HB}]=c_{\mathrm{HB}}\dfrac{V_{\mathrm{HB}}}{V}$,代入上式得:

$$\mathrm{pH}=\mathrm{p}K_a+\lg\frac{c_{\mathrm{B}^-}V_{\mathrm{B}^-}}{c_{\mathrm{HB}}V_{\mathrm{HB}}}$$

式中:V 为缓冲溶液的总体积;V_{B^-} 和 V_{HB} 分别为共轭碱和共轭酸的体积,c_{B^-} 和 c_{HB} 分别为混合前共轭碱和共轭酸的物质的量浓度简称起始浓度。

当 $c_{\mathrm{B}^-}=c_{\mathrm{HB}}$,即在配制缓冲溶液时,若使用相同浓度的共轭碱和共轭酸时,则上式写成:

$$\mathrm{pH}=\mathrm{p}K_a+\lg\frac{V_{\mathrm{B}^-}}{V_{\mathrm{HB}}}$$

利用上面两式可以计算一定浓度和体积的共轭酸碱对组成缓冲溶液的 pH;也可以与下式联立求解,分别算出 V_{B^-} 和 V_{HB} 的体积。

$$V=V_{\mathrm{B}^-}+V_{\mathrm{HB}}$$

根据计算用量可配制具有一定 pH 的缓冲溶液,必须指出由上式计算所得的 pH 是近似的,在这个式子中没有反映温度及离子强度的影响,因此,只适用于温度和离子强度恒定的情况。

所有缓冲溶液能力有一定的限度,即各具有一定的缓冲容量。缓冲容量是衡量缓冲能力的大小的尺度，它的大小与缓冲剂总浓度、缓冲比有关，缓冲剂总浓度越大，缓冲容量越大；缓冲比为 1∶1 时，缓冲容量最大。

【实验仪器与试剂】

量筒(10ml)、吸量管(1ml、10ml)、烧杯(50ml、100ml)、试管(带架)、洗耳球、HAc(1mol · L^{-1}、0.1mol · L^{-1})、NaAc(1mol · L^{-1}、0.1mol · L^{-1})、NaH_2PO_4(0.1mol · L^{-1})、Na_2HPO_4(0.1mol · L^{-1})、NaOH(2mol · L^{-1}、0.1mol · L^{-1})、HCl(0.1mol · L^{-1})、pH 为 4 的 HCl 溶液、甲基红指示剂、广泛 pH 试纸、精密 pH 试纸。

【实验步骤】

1. pH 为 4 的缓冲溶液的配制　取一个 50ml 烧杯，用吸量管加入 16ml 0.1 mol · L^{-1} HAc 和 4ml 0.1 mol · L^{-1}NaAc 混合均匀后，用精密 pH 试纸测定它的 pH，并比较实验测得值和使用亨德森方程的计算值是否相符。缓冲溶液留待下面试验用。

2. 缓冲溶液的性质

(1) 取 4 支试管，在其中 2 支试管中分别加入 5ml 上述配制的 pH 为 4 的缓冲溶液，然后分别滴入 10 滴 0.1mol · L^{-1}的 HCl 和 0.1mol · L^{-1}NaOH 溶液，在另外 2 支试管中分别加入 pH 为 4 的 HCl 溶液 5ml，然后也分别加入 10 滴 0.1mol · L^{-1}的 HCl 和 0.1mol · L^{-1}NaOH 溶液。用广泛 pH 试纸测量各管溶液的 pH。

(2) 取 2 支试管，分别加入 1ml 上述配制的 pH 为 4 的缓冲溶液和 pH 为 4 的 HCl 溶液，然后在各管中加入 10ml 蒸馏水，混匀后，用广泛 pH 试纸测量各管溶液的 pH。

3. 缓冲容量

(1) 缓冲容量与缓冲溶液总浓度的关系。取 2 支大试管，在 1 支试管中加入 0.1 mol · L^{-1}HAc和 0.1 mol · L^{-1}NaAc 各 2.5ml；在另 1 支试管中加入 1 mol · L^{-1}HAc 和 1 mol · L^{-1}NaAc 各 2.5ml，这时两管内的 pH 是否相同。在两管中分别滴 2 滴甲基红指示剂，溶液呈何色(甲基红指示剂在 pH＜4.2 时是红色，pH＞6.3 时是黄色)，然后在两管中分别逐滴加入 2mol · L^{-1}NaOH 溶液(每加入 1 滴均须摇匀)，直至溶液颜色变成黄色。记录各管中所加入的滴数，解释所得结果。

(2) 缓冲容量与缓冲比的关系。取 2 支大试管，用吸量管在 1 支试管中加入 0.1 mol · $L^{-1}$$Na_2HPO_4$和 0.1mol · L^{-1} NaH_2PO_4 各 5ml，摇匀。另 1 支试管中加入 9ml 0.1mol · $L^{-1}$$Na_2HPO_4$ 和 1 ml 0.1mol · $L^{-1}$$NaH_2PO_4$，摇匀，用精密 pH 试纸测量两管溶液的 pH。然后用吸量管在每支试管中加入 0.9ml 0.1mol · L^{-1}NaOH 溶液，均匀混合，再测 pH，记录结果，解释原因。

【实验结果】

1. 缓冲溶液的性质

(1) 5ml pH＝4 的缓冲溶液＋10 滴 0.1 mol · L^{-1}HCl，pH＝________。

(2) 5ml pH＝4 的缓冲溶液＋10 滴 0.1 mol · L^{-1}NaOH，pH＝________。

(3) 5ml pH＝4 的 HCl＋10 滴 0.1 mol · L^{-1}HCl，pH＝________。

(4) 5ml pH＝4 的 HCl＋10 滴 0.1 mol · L^{-1}NaOH，pH＝________。

结论：____。

(5) 1ml pH＝4 的缓冲溶液＋10ml 蒸馏水，pH＝________。

(6) 1ml pH＝4 的 HCl＋10ml 蒸馏水，pH＝________。

结论：____。

2. 缓冲容量与缓冲溶液总浓度、缓冲比的关系　见表2-10、表2-11。

表2-10　缓冲容量与缓冲溶液总浓度的关系

组成	pH	加入甲基红后溶液的颜色	加入 2 mol · L^{-1} NaOH,使溶液变成黄色的量
2.5ml 0.1mol · L^{-1} HAc 和 2.5ml 0.1mol · L^{-1} NaAc	两溶液的 pH 是否相同		（滴）
2.5ml 1mol · L^{-1} HAc 和 2.5ml 1mol · L^{-1} NaAc			（滴）

表2-11　缓冲容量与缓冲比的关系

组成	pH	加入 0.9ml 0.1 mol · L^{-1} NaOH 混合后,溶液的 pH	ΔpH
5ml 0.1mol · L^{-1} Na_2HPO_4 和 5ml 0.1mol · L^{-1} NaH_2PO_4			
9ml 0.1mol · L^{-1} Na_2HPO_4 和 1ml 0.1mol · L^{-1} NaH_2PO_4			

解释原因：

【实验计算】

使用亨德森公式计算所配缓冲溶液的 pH。

【注意事项】

(1) 吸量管专管专用。

(2) 用过的试管、玻棒、量筒均要用蒸馏水清洗后才能装另一种溶液。

(3) 注意 pH 试纸的使用范围,精密 pH 试纸的盒盖切勿混淆。

【思考题】

(1) 为什么按亨德森公式计算出来的 pH 与酸度计测量出的 pH 不相同?

(2) $NaHCO_3$ 溶液是否具有缓冲能力。

（张鹏辉）

第三章　综合性实验

实验九　阿司匹林药片中乙酰水杨酸含量的测定

【实验目的】

(1) 了解阿司匹林片剂中乙酰水杨酸含量的测定方法。

(2) 进一步巩固滴定操作技术。

【实验原理】

阿司匹林(乙酰水杨酸)为解热、镇痛、抗炎药,由水杨酸和醋酸酐合成。由于乙酰水杨酸易水解,在制剂生产和储存过程中,均可能引入水杨酸于片剂中。此外,在其片剂中加有约 1%柠檬酸作稳定剂,它们均消耗 NaOH 溶液,中和法会导致测定结果偏高,故采用剩余滴定法。

先滴加 NaOH 溶液,中和乙酰水杨酸、水杨酸等。

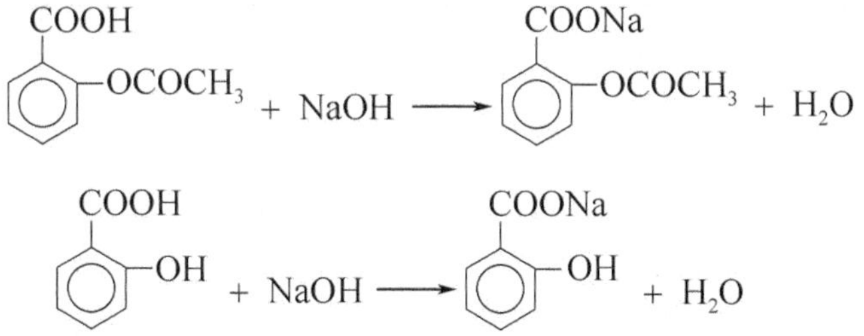

为防止乙酰基水解,在中性乙醇溶液中滴定,且滴定时应在不断振摇下稍快地进行。化学计量点时溶液呈偏碱性,选用酚酞指示剂。

再精密滴加 NaOH 溶液,在水浴上加热,使乙酰基水解:

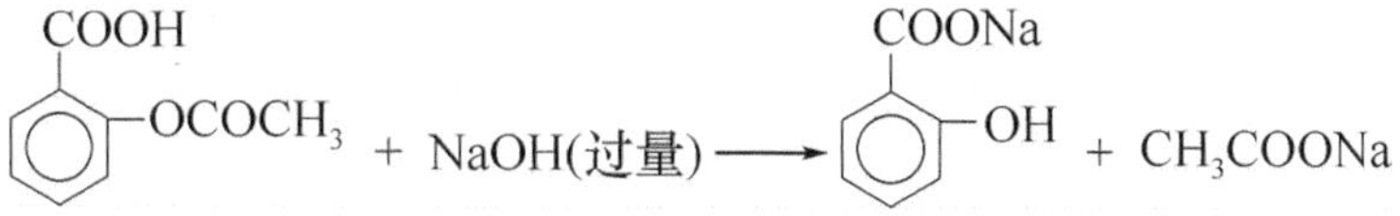

过剩的 NaOH 溶液用硫酸标准溶液滴定:

$$2NaOH + H_2SO_4 = Na_2SO_4 + 2H_2O$$

由于碱液受热时易吸收二氧化碳,形成碳酸钠。碳酸钠遇酚酞不显红色,用酸回滴时要影响测定结果,故须在同样条件下做空白试验加以校正。

【实验仪器与试剂】

研钵、分析天平、锥形瓶(250ml)、碱式滴定管(50ml)、水浴锅、酸式滴定管(50ml)、阿司匹林片、中性乙醇(取需要量的分析纯乙醇,加酚酞指示剂 2~3 滴,用 0.1mol·L^{-1}NaOH 溶液滴至微红色备用)、酚酞指示剂、NaOH 溶液(0.1mol·L^{-1})、H_2SO_4 溶液(0.05000mol·L^{-1})。

【实验步骤】

取阿司匹林片10片，研细，精密称取0.4～0.5g于锥形瓶中，加中性乙醇20ml，振摇使之溶解，加酚酞指示剂3滴，在不断振摇下稍快地滴加NaOH溶液至刚出现微红色摇动后约半分钟不褪色为止。再精密滴加NaOH溶液40.00ml，置水浴上加热15分钟并同时振摇，迅速放冷至室温，用H_2SO_4标准液滴定，并将滴定结果用空白试验校正。平行测定2～3次。按下式计算阿司匹林($C_9H_8O_4$)的百分含量。

【实验计算与结果】

将实验结果填入表3-1中。

$$C_9H_8O_4\text{ 含量}(\%)=\frac{[2V_{\text{空白}}(H_2SO_4)]-2V(H_2SO_4)][c(H_2SO_4)M(C_9H_8O_4)]}{w_{\text{样品}}}\times 100\%$$

表3-1 阿司匹林含量测定数据

H_2SO_4标准溶液浓度，$c=$_________ $mol\cdot L^{-1}$

滴定序号	第一次	第二次	第三次
样品质量，w/g			
过量NaOH溶液体积，V/ml			
消耗H_2SO_4标准溶液体积，V/ml			
空白消耗H_2SO_4标准溶液体积，$V_{\text{空白}}$/ml			
阿司匹林百分含量/%			
平均阿司匹林百分含量/%			

（梅　俊）

实验十　胃舒平药片中铝和镁的测定

【实验目的】

(1) 学习药剂测定前的处理方法。

(2) 学习用返滴定法测定铝的方法。

(3) 掌握沉淀分离的操作方法。

【实验原理】

胃舒平(复方氢氧化铝)主要成分为氢氧化铝、三硅酸铝及少量中药颠茄流浸膏,在制成片剂时还加了大量糊精等赋形剂。药片中 Al 和 Mg 的含量可用 EDTA 配位滴定法测定。

首先溶解样品,分离除去水不溶物质,然后分取试液加入过量的 EDTA 溶液,调节 pH 至 4 左右,煮沸使 EDTA 与 Al 配位完全,再以二甲酚橙为指示剂,用 Zn 标准溶液返滴过量的 EDTA,测出 Al 含量。另取试液,调节 pH 将 Al 沉淀分离后在 pH 为 10 的条件下以铬黑 T 作指示剂,用 EDTA 标准溶液滴定滤液中的 Mg。

【实验仪器与试剂】

滴定管、容量瓶、移液管等、EDTA 标准溶液 0.02mol·L^{-1}、Zn^{2+} 标准溶液 0.02mol·L^{-1}、20%六亚甲基四胺、1∶2 三乙醇胺、1∶1 氨水、1∶1 盐酸、甲基红指示剂、0.2%乙醇溶液、铬黑 T 指示剂、二甲酚橙指示剂 0.2%、pH 为 10 的 NH_3-NH_4Cl 缓冲溶液。

【实验步骤】

1. 样品处理　取胃舒平药片 10 片,研细后从中称出药粉 2g 左右,加入 20ml HCl(1∶1),加蒸馏水 100ml,煮沸,冷却后过滤,并用水洗涤沉淀,收集滤液及洗涤液于 250ml 容量瓶中,稀释至刻度,摇匀。

2. 铝的测定　准确吸取上述试液 5.00ml,加水至 25ml 左右,滴加 1∶1 $NH_3 \cdot H_2O$ 溶液至刚出现浑浊,再加 1∶1 HCl 溶液至沉淀恰好溶解,准确加入 EDTA 标准溶液 25.00ml,再加入 10ml 六亚甲基四胺溶液,煮沸 10 分钟并冷却后,加入二甲酚橙指示剂 2～3 滴,以 Zn^{2+} 标准溶液滴定至溶液由黄色变为红色,即为终点。根据 EDTA 加入量与 Zn^{2+} 标准溶液滴定体积,计算每片药片中 $Al(OH)_3$ 的质量分数。

3. 镁的测定　吸取试液 25.00ml,滴加 1∶1 $NH_3 \cdot H_2O$ 溶液至刚出现沉淀,再加 1∶1 HCl 溶液至沉淀恰好溶解,加入 2g 固体 NH_4Cl,滴加六亚甲基四胺溶液至沉淀出现并过量 15ml,加热至 80℃,维持 10～15 分钟,冷却后过滤,以少量蒸馏水洗涤沉淀数次,收集滤液与洗涤液于 250ml 锥形瓶中,加入三乙醇胺溶液 10ml NH_3-NH_4Cl 缓冲溶液 10ml 及甲基红指示剂 1 滴,铬黑 T 指示剂少许,用 EDTA 标准溶液滴定至试液由暗红色转变为蓝绿色,即为终点。计算每片药片中 Mg 的质量分数(以 MgO 表示)。

【实验结果】

将实验结果填入表 3-2、表 3-3 中。

表 3-2　胃舒平药片中铝的测定

项目＼次数	1	2	3
w_1(药片)/g			
w_2(药粉)/g			
$V_{试液}$/ml	5.00	5.00	5.00
$V_{EDTA标}$/ml	25.00	25.00	25.00
$V_{Zn,始}$/ml			
$V_{Zn,终}$/ml			
ΔV_{Zn}/ml			
$Al(OH)_3$%			
$Al(OH)_3$%平均值			

表 3-3　胃舒平药片中镁的测定

项目＼次数	1	2	3
w_1(药片)/g			
w_2(药粉)/g			
$V_{试液}$/ml	25.00	25.00	25.00
$V_{EDYA,始}$/ml			
$V_{EDTA,终}$/ml			
ΔV_{EDTA}/ml			
MgO%			
MgO%平均值			

【注意事项】

(1) 为使测定结果具有代表性，应取较多样品，研细后再取部分进行分析。

(2) 测定镁时加入甲基红一滴可使终点更为敏锐。

【思考题】

(1) 本实验为什么要称取大样后，再分取部分试液进行滴定？

(2) 在分离铝后的滤液中测定镁，为什么要加三乙醇胺？

（张鹏辉）

实验十一　凝固点下降法测定物质的摩尔质量

【实验目的】

(1) 加深对稀溶液依数性的理解。

(2) 学会用凝固点下降法测定葡萄糖的摩尔质量。

(3) 掌握凝固点测量技术。

【实验原理】

少量非挥发性溶质溶解在纯溶剂中，形成稀溶液。稀溶液的凝固点较纯溶剂的凝固点有所降低，其凝固点降低值只取决于溶液中溶质的分子数目。

$$\Delta T_f = T_f^* - T_f = K_f b_B \tag{11-1}$$

式中：ΔT_f 为凝固点下降低值，T_f^* 为纯溶剂的凝固点，T_f 为溶液的凝固点，b_B 为溶质的摩尔质量浓度，K_f 为溶剂的凝固点下降常数，其数值只与溶剂本性有关，可查阅相关资料。又知

$$b_B = \frac{W_B \times 1000}{M_B \times W_A} \tag{11-2}$$

由式(11-1)和式(11-2)可得出，溶质 B 的相对摩尔质量 M_B 为

$$M_B = K_f \times \frac{W_B \times 1000}{\Delta T_f \times W_A}$$

其中：W_A、W_B 分别为溶剂和溶质的质量(g)。可见若已知 K_f，实验测得 ΔT_f，即可利用上式算出物质 B 的摩尔质量 M_B($g \cdot mol^{-1}$)。

液体的凝固点是指其固、液两相平衡共存时的温度。在实际冷却过程中，往往出现过冷现象。实际测量过程中一般可通过调节制冷剂的温度、控制搅拌速度等方法来控制适当的过冷程度。

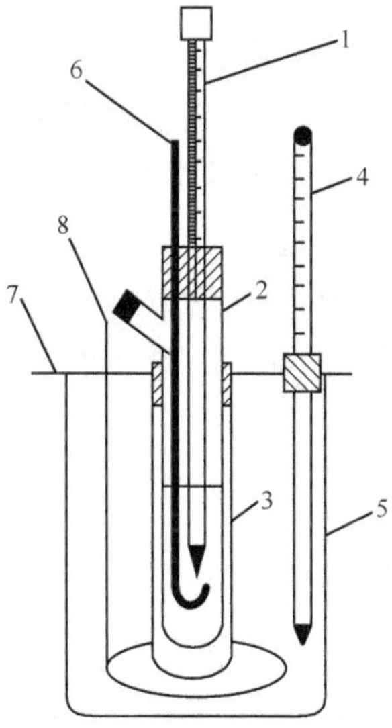

图 3-1　凝固点测定装置

1. 贝克曼温度计；2. 测量管；3. 空气套管；4. 普通温度计；5. 玻璃缸；6. 内小搅拌器；7. 塑料盖；8. 搅拌棒

【实验仪器与试剂】

凝固点降低实验装置 1 套：贝克曼温度计 1 支、0～15℃普通温度计 1 支、600ml 烧杯 1 个、25ml 移液管 1 支、分析天平 1 台、放大镜 1 个、蒸馏水、分析纯葡萄糖、粗盐、碎冰。

【实验步骤】

按图 3-1 配制实验仪器装置。在玻璃缸冷却槽中，放入 2/3 的冰、1/3 的水，加入粗盐，调节冰水混合物温度在－4℃左右，作为制冷剂。调节贝克曼温度计水银柱端面在 0℃时落在距顶端刻度 1～2℃的范围内。准确移取 25ml 蒸馏水，小心注入干净的测量管中，取出测量管，直接放入冰水中，不断移动搅拌棒，使蒸馏水逐渐冷却，当有固体析出时，迅速取出测量管，擦干管外冰水，插入空气套管中，轻轻搅拌约 2 分钟，当温度计读数稳定时，即为

水的参考凝固点。再次取出测量管，用手温热，同时搅拌，使管内固体完全熔化，再插入冰水中，缓慢搅拌，使水迅速冷却，当温度降至高于参考凝固点 0.5℃时，迅速取出测量管，擦干，放入空气套管中，每秒钟搅拌 1 次，使水的温度均匀下降，当温度低于凝固点参考温度时，快速搅拌，使固体析出。当温度迅速回升时，减慢搅拌，注意观察温度计读数变化，直至稳定，此即为水的凝固点。读数精确到 0.002℃，记录实验数据。连续测量 3 次，每两次测量数据差值不可超过±0.003℃，取平均值即为纯溶剂水的凝固点的精确值。取出测量管，使管中的冰融化。从测量管的支管中加入事先准确称取的 1.5g 葡萄糖，溶解后，按上述方法测定溶液的凝固点。

【实验结果与处理】

室温__________　大气压__________

(1) 将 W_A、W_B 及实验测量数据列于表 3-4 中。

表 3-4　W_A、W_B 及实验测量数据列表

物质		物质的质量 W_B(g)	凝固点 T(K)		凝固点下降值 ΔT_f(K)	摩尔质量 M_B ($g \cdot mol^{-1}$)
			测量值	平均值		
水			1			
			2			
			3			
葡萄糖	第一次		1			
			2			
			3			
	第二次		1			
			2			
			3			

(2) 根据上式计算葡萄糖的平均摩尔质量$\overline{M}_B$。

(3) 与标准相对摩尔质量 $180g \cdot mol^{-1}$ 比较，讨论实验的相对误差，并说明原因。

【思考题】

(1) 如何更好地消除过冷现象？

(2) 加入溶质量多少的依据是什么？太多或太少会有何影响？

（贾振斌）

实验十二　分光光度法测定配合物的组成和稳定常数

【实验目的】

(1) 掌握用分光光度法测定配合物组成及稳定常数的基本原理和方法。

(2) 掌握分光光度计的使用方法。

【实验原理】

X 溶液中金属离子 M 和配位体 L 形成配合物 ML_n。其反应式为：

$$M + nL \Longrightarrow ML_n$$

当达到平衡时：

$$K = \frac{[ML_n]}{[M][L]n}$$

式中：K 为配合物稳定常数，[M]、[L]、$[ML_n]$分别为配位平衡时自由金属离子、配位体和配合物的浓度，n 为配合物的配位数。

在配位反应中，常伴有颜色的明显变化，因此研究这些配合物的吸收光谱可以测定配合物的组成和稳定常数。本实验用分光光度法来测定其组成及稳定常数。

1. 分光光度法的实验原理

根据朗伯-比耳定律

$$I = I_0 \exp[-KcL]$$

移项，并取对数，则得：

$$\ln(I_0/I) = KcL$$

令 $A = \ln(I_0/I)$，则得：

$$A = KcL$$

式中：A 称为吸光度；K 称为吸收系数(对于一定溶质、溶剂及一定波长，K 是常数)；L 为溶液厚度；c 为样品浓度；I/I_0 称为透射比。

从上述公式可以看出，在保持 K 和 L 是定值的条件下，吸光度 A 与溶液浓度 c 成正比。可以设法选择适宜的入射光的波长，使它既对被测物质具有较高的灵敏度，又使溶液中其他物质的吸收干扰最小(称为最佳吸收波长或工作波长)。在此波长下，测出一系列已知浓度溶液的吸光度值，作吸光度 A 对被测物质的浓度 c 的工作曲线，然后测定未知浓度溶液的吸光度，即能从工作曲线上求得相应的浓度值，从而对物质进行定量分析。

2. 等摩尔连续递变法测定配合物的组成及稳定常数

等摩尔连续递变法是物理化学中的一种分析方法，基本做法是：

在维持总的摩尔数不变的前提下，依次改变体系中两个组分摩尔数的比值，并测定不同摩尔数比值时溶液的某一物理化学参量，然后进行一系列的数据处理，最后得出结果。

在本实验中，通过测定一系列的不同的[M]/([M]+[L])组成溶液的吸光度 A，作 A－[M]/([M]+[L])的曲线图(图 3-2)，由于存在着配位平衡，则曲线必存在着极大值，极大值所对应的溶液组成，即为配合物的组成。

由于金属离子 M 与配位体 L 也存在着一定程度的吸收，所观察到的吸光度 A 并不完全是由配合物 ML_n 吸收所引起的，因此实验得到的吸光度曲线如图 3-3 所示，必须加以校正，校正方法如下：在 A-[M]/([M]+[L])曲线上，通过[M]=0 及[L]=0 的两点作直线 MN，则直线上所表示的不同组成的 $A_{校}$ 值可以认为是由于 M 及 L 吸收所引起的。因此，校正后的吸光度 A'应等于曲线上的吸光度数值 A 减去相应组成直线上的吸光度值，即 $A'=A-A_{校}$（图 3-3），最后作校正后的 A'对[M]/([M]+[L])的曲线，才能真正得到如图 3-2 那样的曲线。

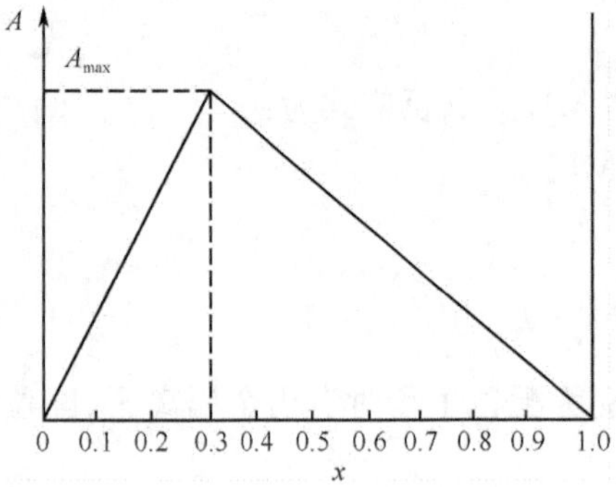

图 3-2 A-[M]/([M]+[L])曲线

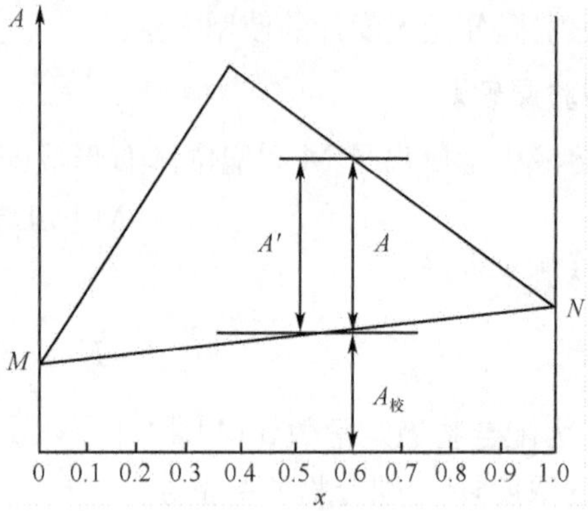

图 3-3 A-[M]/([M]+[L])校正前的曲线

设 X_m 为曲线极大值所对应的组成，则配位数为：

$$n=\frac{[L]}{[M]}=\frac{1-X_m}{X_m}$$

络合物的组成确定后，就可以求出其稳定常数。

设开始时金属离子 M 和配位体 L 的浓度分别为 a 和 b，达到配位平衡时配合物浓度为 x，则有：

$$K=\frac{x}{(a-x)(b-nx)^n} \qquad (12\text{-}1)$$

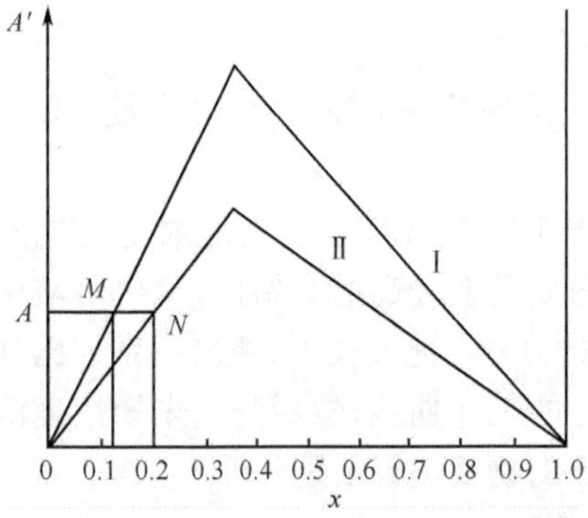

图 3-4 两系列 A'-[M]/([M]+[L])曲线

由于吸光度已进行了校正，因此可认为溶液的吸光度正比于配合物浓度。如果配制两组总摩尔数不同的溶液，在同一坐标图上分别作上述两组溶液吸光度对摩尔分数的曲线，过某一点 A 作横轴的平行线，分别相交于两条直线于 M、N（图 3-4），则此两相交点所对应的各自溶液中的配合物浓度应相等。设对应于两条曲线的溶液中的金属离子及配位体的起始浓度分别为 a_1、b_1；a_2、b_2，则根据(12-1)式有：

$$K=\frac{x}{(a_1-x)(b_1-nx)^n}=\frac{x}{(a_2-x)(b_2-nx)^n} \qquad (12\text{-}2)$$

解上述方程可得到 x，然后可计算出配合物稳定常数 K。

【实验仪器与试剂】

722S 型分光光度计 1 台、50ml 容量瓶 12 个、250ml 量筒 1 个、酸式滴定管 2 支、0.005mol · L^{-1} Fe^{3+} 溶液、0.005mol · L^{-1} 试钛灵溶液、pH 为 4.75 的 HAc-NH_4Ac 缓冲溶液。

【实验步骤】

(1) 配制 250ml pH 为 4.75 的 HAc-NH_4Ac 缓冲溶液(用 1L 溶液中含有 100g NH_4Ac 和 100ml 冰醋酸的比例配制)。

(2) 用 0.005mol · L^{-1} Fe^{3+} 溶液和 0.005mol · L^{-1} 试钛灵溶液，按表 3-5 配制第一组 6 个待测溶液样品，然后依次将各样品加蒸馏水稀释至 50.00ml。

表 3-5　第一组 6 个待测溶液样品

	1	2	3	4	5	6
0.005mol · L^{-1} Fe^{3+} 溶液(ml)	0.00	2.00	4.00	6.00	8.00	10.00
0.005mol · L^{-1} 试钛灵溶液(ml)	10.00	8.00	6.00	4.00	2.00	0.00
pH 为 4.75 的缓冲溶液(ml)	10.00	10.00	10.00	10.00	10.00	10.00
A						

(3) 按表 3-6 配制第二组 6 个待测溶液样品，然后依次将各样品加蒸馏水稀释至 50.00ml。

表 3-6　第二组 6 个待测溶液样品

	1	2	3	4	5	6
0.005mol · L^{-1} Fe^{3+} 溶液(ml)	0.00	1.00	2.00	3.00	4.00	5.00
0.005mol · L^{-1} 试钛灵溶液(ml)	5.00	4.00	3.00	2.00	1.00	0.00
pH 为 4.75 的缓冲溶液(ml)	10.00	10.00	10.00	10.00	10.00	10.00
A						

(4) 在波长 360～660nm 范围内每隔 20nm 测定第一组 5 号溶液的 A 值，以波长为横坐标，A 为纵坐标制图，从图中找出工作波长。

(5) 在工作波长下，分别测定两组溶液的吸光度值。

【实验结果与处理】

(1) 将测得的 A 值填入上表中，作两组溶液的吸光度 A 对溶液组成[M]/([M]+[L])的曲线。

(2) 对 A 进行校正，在同一张坐标图上作两组溶液校正后的吸光度 A 对[M]/([M]+[L])的曲线，求出 n。

(3) 从上图中找出两组溶液任一相同吸光度的两点所对应的溶液组成，根据式(12-2)求得 x 值，从而计算出配合物的稳定常数。

【思考题】

(1) 为什么只有在维持([M]+[L])不变的条件下改变[M]及[L]，使[L]/[M]＝n 时配合物的浓度才达到最大?

(2) 在两个([M]+[L])总浓度下作出吸光度对摩尔分数的两条曲线，为什么在这两条曲线上吸光度相同的两点所对应的配合物浓度相同?

（贾振斌）

第四章　创新性实验

实验十三　水果中维生素 C 含量的测定

【实验目的】

(1) 学会用碘量法测定维生素 C 含量。

(2) 比较不同水果中维生素 C 含量。

【实验原理】

本试验是利用碘酸钾做氧化剂，即在一定量的盐酸酸性试液中加碘化钾——淀粉指示剂，用已知浓度的碘酸钾滴定。当碘酸钾滴入后即释放出游离的碘，此碘被维生素 C 还原，直至维生素 C 完全氧化后，再滴碘酸钾液时，释放出的碘因无维生素 C 的作用，可使淀粉指示剂呈蓝色，即为终点，其反应式如下：

$$KIO_3 + 5KI + 6HCl \longrightarrow 6KCl + 3H_2O + 3\ I_2$$

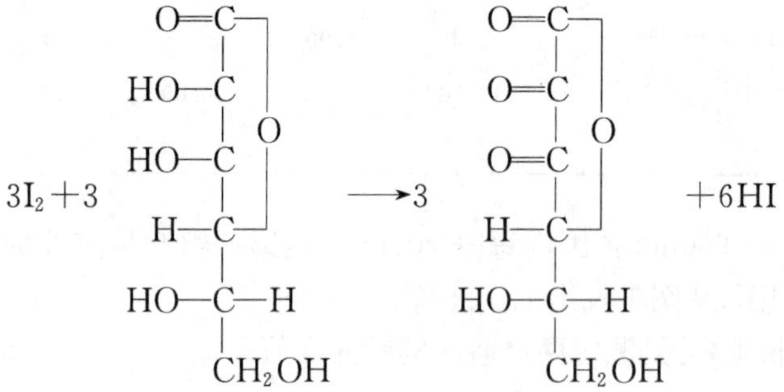

维生素 C　　　　脱氢维生素 C

【实验仪器与试剂】

苹果、梨、柑橘、桃、碘酸钾、碘化钾、淀粉、2%盐酸、研钵、烧杯、100ml 容量瓶、移液管(0.5ml、2ml、5ml)、滴定管、漏斗、纱布、分析天平。

【实验步骤】

1. 试剂制备

(1) 0.5%淀粉液：称取可溶性淀粉 0.5g，用蒸馏水调成浆状，注入 100ml 蒸馏水，煮沸至透明状，冷后用棉花过滤。

(2) 0.0002mol · L^{-1} KIO_3 液：精确称取 KIO_3 0.4280g(KIO_3 预先在 102℃烘 2h，在干燥器中冷却备用)，准确配成 1000ml，得到 0.002mol · L^{-1} KIO_3 溶液。再稀释 10 倍即为 0.0002mol · L^{-1}。

2. 样品试液的制备　将水果样品洗净，用纱布拭干其外部所附着的水分，若样品清洁可不必洗涤。样品若为大型水果，先纵切为 4～8 等份，取其 20～30g 为一份，除去不能食用部分，切碎。

将称取的样品放研钵中，加 2%的盐酸 5～10ml，研磨至呈浆状。小心无损地移研钵中样品于 100ml 容量瓶中，研钵用 2%盐酸液冲洗后，亦倒入量瓶中，并加 2%盐酸至 100ml，充分混合。用清洁干燥二层纱布过滤注入干燥的烧杯中，滤液作测定用。

3. 样品液的测定 在 50ml 的烧杯中，用移液管移入 1%的 KI 0.5ml，0.5%淀粉液 2ml，以及上述制得的试液 5ml；再加蒸馏水至总体积 10ml(加 2.5ml)。用 0.0002mol · L^{-1} KIO_3 溶液滴定，要一滴一滴加入，并不断摇动烧杯，至微蓝色不褪为终点(1min 不褪为止)。记录所用 KIO_3 溶液体积。

同上法再测定 3 次。用各次测定的平均值，计算维生素 C 含量。

计算公式：

$$W=\frac{V\times 0.088}{B}\times\frac{b}{a}\times 100$$

式中：W 为 100 克样品含的维生素 C 质量/mg；

V 为滴定样品所用的 KIO_3 体积/ml；

0.1056 为 1ml 0.0002mol · L^{-1} 碘酸钾溶液相当的维生素 C 的量(mg · ml^{-1})；

B 为滴定时所用样品溶液体积/ml；

b 为制成样品液的总体积/ml；

a 为样品的质量/g。

【实验结果与计算】

将实验结果填入表 4-1 中。

表 4-1 水果中维生素 C 含量的测定

样品名称	样品重量/g	样品液总体积/ml	滴定时用样品液量/ml	滴定样品所用 KIO_3 量/ml					维生素 C 含量 mg/100g
				1	2	3	4	平均	

【注意事项】

(1) 因维生素 C 很容易被氧化，整个实验动作要快，且最好采用新煮沸过的冷蒸馏水。

(2) 水果汁的准备较费时，可将水果切碎，加少量蒸馏水，然后在榨汁机中进行(不过可能导致氧化加速)。

【思考题】

(1) 测定维生素 C 的含量为何要在 HCl 介质中进行？

(2) 本实验产生误差的原因主要有哪些？

(郑明彬)

实验十四 葡萄糖酸锌的制备与含量测定

【实验目的】

(1) 了解葡萄糖酸锌(治疗人体缺锌药物)的制备方法。

(2) 学会测定锌盐的含量。

(3) 了解葡萄糖酸锌的测定方法。

【实验原理】

锌是人体必需的微量元素之一,人体一切器官中都含有锌。它具有多种生物作用,参与核酸和蛋白质的合成,能增进人体免疫力,促进儿童生长发育。过去常用硫酸锌作添加剂,但对人体肠胃有刺激作用,且吸收率低。而葡萄糖酸锌作补锌添加剂,则见效快,吸收率高,副作用小,使用方便,是目前首选的补锌药和营养强化剂,特别作为儿童食品糖果、乳制品的添加剂应用日益广泛。

一般葡萄糖酸锌可通过葡萄糖酸钙与等摩尔的硫酸锌反应来制备,其反应式如下表示:

$$Ca(C_6H_{11}O_7)_2 + ZnSO_4 = Zn(C_6H_{11}O_7)_2 + CaSO_4\downarrow$$

由于葡萄糖酸锌中的锌离子可与 EDTA 形成稳定的配合物,所以其含量可使用标准 EDTA 溶液来测定,反应以铬黑 T 为指示剂。

【实验仪器与试剂】

电子分析天平、台秤、恒温水浴、酸式滴定管(25 ml)、移液管(20 ml)、容量瓶(100 ml)、锥形瓶(250 ml)、烧杯(150ml、500ml)、量筒(100ml)、电炉、蒸发皿、抽滤装置、滤纸、玻璃棒、葡萄糖酸钙(A. R·固体)、$ZnSO_4 \cdot 7H_2O$(A. R·固体)、0.1 mol·L^{-1} EDTA 标准溶液、NH_3-NH_4Cl 缓冲溶液、95%乙醇、铬黑 T 指示剂。

【实验步骤】

1. 葡萄糖酸锌制备 量取 80ml 蒸馏水置烧杯中,加热至 80~90℃,加入 13.4g $ZnSO_4 \cdot 7H_2O$ 使之完全溶解,将烧杯放在 90℃的恒温水浴中,再逐渐加入葡萄糖酸钙 20g,并不断搅拌。在 90℃水浴上静置保温 20 分钟。趁热抽滤(用两层滤纸),滤液移至蒸发皿中(滤渣为 $CaSO_4$弃去),将滤液在沸水浴上浓缩至黏稠状(体积约为 20 ml)。滤液冷至室温,加 20ml 95%乙醇(用于降低葡萄糖酸锌的溶解度),并不断搅拌,此时有大量的胶状葡萄糖酸锌析出。充分搅拌后,用倾泻法去除乙醇溶液。再加 20 ml 95%乙醇,充分搅拌后,沉淀慢慢转变成晶体状、抽滤至干,即得粗品(母液回收)。

重结晶:粗品加水 20ml,加热(90℃)至溶解,趁热抽滤,滤液冷至室温;加 20ml 95%乙醇,充分搅拌,结晶析出后,抽滤至干,即得精品,在 50℃条件下烘干。

2. 葡萄糖酸锌含量测定 准确称取 0.8g 葡萄糖酸锌,溶于 20ml 水中(可微热),转移至 250 ml 锥形瓶中,并加入 10ml NH_3-NH_4Cl 缓冲溶液和 4 滴铬黑 T 指示剂。用 0.1 mol·L^{-1}EDTA标准溶液滴至溶液呈蓝色。

【实验结果】

将实验结果填入表 4-2 中。

表 4-2　葡萄糖酸锌的测量

	1	2	3
葡萄糖酸锌质量 w/g			
V_0(EDTA) /ml			
V_1(EDTA) /ml			
ΔV(EDTA) /ml			
锌的含量%			
锌的平均含量%			

【实验计算】

样品中锌的含量计算如下：

$$锌的含量(\%)=\frac{c(\text{EDTA})\Delta V(\text{EDTA})\times 65}{w\times 1000}\times 100\%$$

【注意事项】

(1) 反应需在 90℃恒温水浴中进行。这是由于温度太高，葡萄糖酸锌会分解；温度太低，则葡萄糖酸锌的溶解度降低。

(2) 用乙醇为溶剂进行重结晶时，开始有大量胶状葡萄糖酸锌析出，不易搅拌，可用竹棒代替玻璃棒进行搅拌，乙醇溶液需全部回收。

(3) 葡萄糖酸锌加水不溶时可微热。

【思考题】

(1) 微量元素锌在人体中有何重要作用？

(2) 为什么葡萄糖酸钙和硫酸锌的反应需保持在 90℃的恒温水浴中？

（吴都督）

实验十五　蛋壳中钙、镁含量的测定

【实验目的】

(1) 了解从蛋壳中得到钙的方法。

(2) 学习使用掩蔽法排除干扰离子影响的方法。

(3) 掌握配位滴定法测定蛋壳中钙、镁含量的方法和原理。

(4) 训练对实物试样中某组分含量测定的一般步骤。

【实验原理】

鸡蛋壳的主要成分为 $CaCO_3$，其次为 $MgCO_3$、蛋白质、色素以及少量的 Fe 和 Al。由于试样中含酸不溶物较少，可用盐酸将其溶解制成试液，采用配位滴定法测定钙、镁含量，特点是快速简便。

试样经溶解后，Ca^{2+}、Mg^{2+} 共存于溶液中。Fe^{3+}、Al^{3+} 等干扰离子，可用三乙醇胺或酒石酸钾钠掩蔽。

调节溶液的酸度至 pH 为 10，用铬黑 T 作指示剂，EDTA 标准溶液可直接测定溶液中钙和镁的总量。

滴定前：

$$Mg^{2+} + \underset{\text{(纯蓝色)}}{HIn^{2-}} = \underset{\text{(酒红色)}}{MgIn^{-}} + H^{+}$$

滴定过程：

$$Ca^{2+} + H_2Y^{2-} = CaY^{2-} + 2H^{+}$$

$$Mg^{2+} + H_2Y^{2-} = MgY^{2-} + 2H^{+}$$

滴定终点：

$$\underset{\text{(酒红色)}}{MgIn^{-}} + H_2Y^{2-} = MgY^{2-} + \underset{\text{(纯蓝色)}}{HIn^{2-}} + H^{+}$$

另取一份试液，用 NaOH 调节溶液的酸度至 pH 大于 12，使 Mg^{2+} 生成氢氧化物沉淀，而 Ca^{2+} 不沉淀，加钙指示剂(NN)，用 EDTA 标准溶液滴定，来单独测定钙的含量。由总量减去钙量即得镁量。

滴定前：

$$Ca^{2+} + \underset{\text{(蓝色)}}{NN} = \underset{\text{(红色)}}{Ca\text{-}NN}$$

滴定过程：

$$Ca^{2+} + H_2Y^{2-} = CaY^{2-} + 2H^{+}$$

滴定终点：

$$\underset{\text{(红色)}}{Ca\text{-}NN} + H_2Y^{2-} = CaY^{2-} + \underset{\text{(蓝色)}}{NN} + 2H^{+}$$

【实验仪器与试剂】

分析天平(0.1mg)、小型台式破碎机、标准筛(80 目)、酸式滴定管(50ml)、锥形瓶(250 ml)、移液管(25ml)、容量瓶(250ml)、烧杯(250ml)、表面皿、称量瓶(40mm×25mm)、EDTA 标准溶液(0.02 $mol \cdot L^{-1}$)、HCl (6 $mol \cdot L^{-1}$)、NaOH (10%)、钙指示剂应配成 1∶100(NaCl)的固体指示剂、铬黑 T 指示剂应配成 1∶100(NaCl)的固体指示剂、$NH_3 \cdot H_2O\text{-}NH_4Cl$ 缓冲溶液(pH=10)、三乙醇胺水溶液(33%水溶液)。

【实验步骤】

1. 试样的溶解及试液的制备　将鸡蛋壳洗净，加水煮沸 5～10 分钟，去除蛋壳内表层的蛋白薄膜，然后把蛋壳放于烧杯中用烘箱烘干，烘干后用小型台式破碎机粉碎，使其通过

80～100 目的标准筛，研成粉末，储存于称量瓶，放干燥器中备用。准确称取一定量（m 克）的上述试样，置于 250ml 烧杯中，加少量水润湿，盖上表面皿，从烧杯嘴处用滴管滴加 $6mol \cdot L^{-1}$ HCl 溶液 5ml 左右，使其完全溶解，必要时用小火加热。冷却后转移至 250ml 容量瓶中，稀释至接近刻度线，若有泡沫，滴加 2～3 滴 95%乙醇，泡沫消除后，滴加水至刻度线，摇匀。

2. 钙、镁总量的测定　准确吸取 25.00ml 上述待测试液于 250ml 锥形瓶中，分别加 20ml 去离子水和 5ml 三乙醇胺溶液，摇匀。再加 10 ml $NH_3 \cdot H_2O$-NH_4Cl 缓冲溶液，摇匀。最后加入少许铬黑 T 指示剂，用 EDTA 标准溶液滴定至溶液由酒红色恰好变为纯蓝色，即达终点。记录所消耗 EDTA 标准溶液的体积 V_1，计算蛋壳中钙、镁总量以 ω(CaO)表示。平行测定 3 份，若它们的相对平均偏差不超过 0.2%，则可以取其平均值作为最终结果。否则，不要取平均值，而要查找原因，作出合理解释。

3. 钙含量的测定　准确吸取 25.00 ml 上述待测试液于锥形瓶中，加入 20ml 水和 5ml 三乙醇胺溶液，摇匀。再加入 NaOH 10ml，钙指示剂 0.5ml，摇匀后，用 EDTA 标准溶液滴定至由红色恰变为蓝色，即为终点。记录消耗 EDTA 标准溶液的体积 V_2，计算钙的质量分数 ω(Ca)。平行测定 3 份，要求相对平均偏差不超过 0.2%，由钙、镁总量减去钙量即得镁量，以镁的质量分数 ω(Mg)表示。

【实验结果】

将实验结果填入表 4-3、表 4-4 中。

表 4-3　蛋壳中钙、镁总量的测定

	1	2	3
试液体积/ml	25.00	25.00	25.00
V_0(EDTA) /ml			
V_1(EDTA) /ml			
ΔV (EDTA) /ml			
ΔV(EDTA) 平均值			

表 4-4　蛋壳中钙、镁含量的分别测定

	1	2	3
试液体积/ml	25.00	25.00	25.00
V_0(EDTA) /ml			
V_1(EDTA) /ml			
ΔV(EDTA) /ml			
ω(Ca)			
$\bar{\omega}$(Ca)			
ω(Mg)			
$\bar{\omega}$(Mg)			

【实验计算】

$$\omega(\mathrm{Ca})=\frac{C(\mathrm{EDTA})\times V_2(\mathrm{EDTA})\times M(\mathrm{Ca})}{m_{试样}\times 1000}\times 100\%$$

$$\omega(\mathrm{Mg})=\frac{C(\mathrm{EDTA})\times (V_1-V_2)\times M(\mathrm{Mg})}{m_{试样}\times 1000}\times 100\%$$

【注意事项】

(1) 溶解蛋壳粉末时，要用胶头滴管逐滴滴加 HCl 溶液，使其完全溶解，切勿一次性加入太多，防止反应太过剧烈。

(2) 蛋壳粉末溶解稀释接近至刻度线时若有泡沫，一定要加 95%乙醇消除泡沫，否则会导致定容不准确，引起误差。

【思考题】

(1) 如何确定蛋壳粉末的称量范围(提示：先粗略确定蛋壳粉末中钙、镁的总量，再估计蛋壳粉末的称量范围)？

(2) 将烧杯中已经溶解好的试样转移到容量瓶以及稀释到刻度时，应注意什么问题？

(3) 蛋壳粉末溶解稀释时为何加 95%乙醇可以消除泡沫？

(4) 查阅资料，说明还有哪些方法可以测定蛋壳中钙、镁含量，试比较几种测定方法的优缺点。

（魏美燕）

实验十六　漂白粉中有效氯的测定

【实验目的】

(1) 掌握间接碘量法的基本原理及滴定条件。

(2) 掌握测定漂白粉中有效氯含量的操作方法。

【实验原理】

碘量法是以电极反应 $I_2+2e=2I^-$ 为基础的滴定分析方法。$\varphi^{-}_{I_2/I^-}=0.535V$，故 I_2 是较弱的氧化剂，I^- 是中等强度的还原剂。利用 I_2 的氧化性和 I^- 的还原性进行滴定分析的方法称为碘量法。其中用 I^- 与氧化剂作用生成 I_2，再用 $Na_2S_2O_3$ 标准溶液滴定所生成的 I_2，从而间接测定氧化性物质的方法称为间接碘量法。间接碘量法有较广泛的应用。

漂白粉是次氯酸钙、氯化钙和氢氧化钙组成的水合复盐。次氯酸钙[$Ca(ClO)_2$]是漂白粉的有效成分。它与盐酸(或硫酸)作用放出的氯气具有杀菌、消毒作用，称为“有效氯”。漂白粉的质量决定于其中的“有效氯”的含量。间接碘量法测定“有效氯”的含量是根据漂白粉与过量的盐酸作用释放出的氯气能将 KI 中的 I^- 氧化成 I_2，再用 $Na_2S_2O_3$ 标准溶液来滴定析出的碘，从而间接测定漂白粉中“有效氯”的含量。反应过程如下：

$$Ca(ClO)_2+4HCl = CaCl_2+2Cl_2\uparrow+2H_2O$$

$$Cl_2+2KI = 2KCl+I_2$$

$$I_2+2Na_2S_2O_3 = Na_2S_4O_6+2NaI$$

由上述反应可看出，1mol $Ca(ClO)_2$ 间接与 2mol $Na_2S_2O_3$ 起反应。

漂白粉中有效氯含量一般是 35%。

【实验仪器与试剂】

电子分析天平、台秤、研钵、滴定管(25ml)、移液管(20ml)、容量瓶(250ml)、碘量瓶(250ml)、漂白粉、4 $mol\cdot L^{-1}$ HCl 、10% KI、$Na_2S_2O_3$ 标准溶液、淀粉指示剂。

【实验步骤】

准确称取漂白粉 0.7～1g(准确至 0.1mg)，置于研钵中，加少量蒸馏水研成糊状，小心转入 250 ml 容量瓶中，用水洗涤研钵数次，洗液倒入容量瓶中，加蒸馏水稀释至刻度，充分混匀，然后用移液管吸取此液 20.00ml 放入碘量瓶中(吸取前要充分摇匀此液)，加 10% KI 5ml 和 4 $mol\cdot L^{-1}$ HCl 溶液 5ml，混合后盖好，水封，于暗处放置 10 分钟，然后加水约 30ml 稀释，用 $Na_2S_2O_3$ 标准溶液滴定至溶液呈浅黄色后，加淀粉溶液 2ml，溶液即呈蓝色，继续用 $Na_2S_2O_3$ 标准溶液滴定至溶液的蓝色刚好消失，即为终点。平行测定三份，按下式计算漂白粉中“有效氯”的含量，3 次测定结果相对平均偏差应小于 0.2%。

【实验计算】

$$有效氯\% = \frac{0.5\times c(Na_2S_2O_3)\times\Delta\overline{V}(Na_2S_2O_3)\times\dfrac{M(Cl_2)}{1000}}{w\times\dfrac{20.00}{250.0}}\times100\%$$

式中：w 为漂白粉的质量。

【数据记录与处理】

将实验结果填入表 4-5 中。

表 4-5 漂白粉中有效氯的测定

漂白粉的质量 w=________ g，　$c(Na_2S_2O_3)$=________ $mol \cdot L^{-1}$

	1	2	3
$V_0(Na_2S_2O_3)$/ml			
$V_1(Na_2S_2O_3)$/ml			
$\Delta V(Na_2S_2O_3)$ /ml			
$\Delta \overline{V}(Na_2S_2O_3)$/ml			
有效氯%			

【思考题】

(1) 用 $Na_2S_2O_3$ 溶液滴定 I_2 前，为什么要加水稀释溶液？

(2) 碘量瓶的作用类似于锥形瓶，但为什么要配上瓶塞？

(3) 在碘量法中，为什么淀粉指示剂要在接近终点时才能加入？

（许景秀）

附　录

附录一　元素的相对原子质量

原子序数	元素名称	元素符号	相对原子质量	原子序数	元素名称	元素符号	相对原子质量
1	氢	H	1.007 94(7)	35	溴	Br	79.904(1)
2	氦	He	4.002 602(2)	36	氪	Kr	83.798(2)
3	锂	Li	6.941(2)	37	铷	Rb	85.467 8(3)
4	铍	Be	9.012 182(3)	38	锶	Sr	87.62(1)
5	硼	B	10.811(7)	39	钇	Y	88.905 85(2)
6	碳	C	12.017(8)	40	锆	Zr	91.224(2)
7	氮	N	14.006 7(2)	41	铌	Nb	92.906 38(2)
8	氧	O	15.999 4(3)	42	钼	Mo	95.94(2)
9	氟	F	18.998 403 2(5)	43	锝	Tc	(97.9072)
10	氖	Ne	20.179 7(6)	44	钌	Ru	101.07(2)
11	钠	Na	22.989 769 28(2)	45	铑	Rh	102.905 50(2)
12	镁	Mg	24.305 0(6)	46	钯	Pd	106.42(1)
13	铝	Al	26.981 538 6(8)	47	银	Ag	107.868 2(2)
14	硅	Si	28.085 5(3)	48	镉	Cd	112.411(8)
15	磷	P	30.973 762(2)	49	铟	In	114.818(3)
16	硫	S	32.065(5)	50	锡	Sn	118.710(7)
17	氯	Cl	35.453(2)	51	锑	Sb	121.760(1)
18	氩	Ar	39.948(1)	52	碲	Te	127.60(3)
19	钾	K	39.098 3(1)	53	碘	I	126.904 47(3)
20	钙	Ca	40.078(4)	54	氙	Xe	131.293(6)
21	钪	Sc	44.955 912(6)	55	铯	Cs	132.905 451 9(2)
22	钛	Ti	47.867(1)	56	钡	Ba	137.327(7)
23	钒	V	50.941 5(1)	57	镧	La	138.905 47(7)
24	铬	Cr	51.996 1(6)	58	铈	Ce	140.116(1)
25	锰	Mn	54.938 045(5)	59	镨	Pr	140.907 65(2)
26	铁	Fe	55.845(2)	60	钕	Nd	144.242(3)
27	钴	Co	58.933 195(5)	61	钷	Pm	(145)
28	镍	Ni	58.693 4(2)	62	钐	Sm	150.36(2)
29	铜	Cu	63.546(3)	63	铕	Eu	151.964(1)
30	锌	Zn	65.409(4)	64	钆	Gd	157.25(3)
31	镓	Ga	69.723(1)	65	铽	Tb	158.925 35(2)
32	锗	Ge	72.64(1)	66	镝	Dy	162.500(1)
33	砷	As	74.921 60(2)	67	钬	Ho	164.930 32(2)
34	硒	Se	78.96	68	铒	Er	167.259(3)

续表

原子序数	元素名称	元素符号	相对原子质量	原子序数	元素名称	元素符号	相对原子质量
69	铥	Tm	168.934 21(2)	94	钚	Pu	(244)
70	镱	Yb	173.04(3)	95	镅	Am	(243)
71	镥	Lu	174.967(1)	96	锔	Cm	(247)
72	铪	Hf	178.49(2)	97	锫	Bk	(247)
73	钽	Ta	180.947 88(2)	98	锎	Cf	(251)
74	钨	W	183.84(1)	99	锿	Es	(252)
75	铼	Re	186.207(1)	100	镄	Fm	(257)
76	锇	Os	190.23(3)	101	钔	Md	(258)
77	铱	Ir	192.217(3)	102	锘	No	(259)
78	铂	Pt	195.084(9)	103	铹	Lr	(262)
79	金	Au	196.966 569(4)	104	𬬻	Rf	(261)
80	汞	Hg	200.59(2)	105	𬭊	Db	(262)
81	铊	Tl	204.383 3(2)	106	𬭳	Sg	(266)
82	铅	Pb	207.2(1)	107	𬭛	Bh	(264)
83	铋	Bi	208.980 40(1)	108	𬭶	Hs	(277)
84	钋	Po	(208.982 4)	109	鿏	Mt	(268)
85	砹	At	(209.987 1)	110	𫟼	Ds	(271)
86	氡	Rn	(222.017 6)	111	𬬭	Rg	(272)
87	钫	Fr	(223)	112		Uub	(285)
88	镭	Re	(226)	113		Uut	(284)
89	锕	Ac	(227)	114		Uuq	(289)
90	钍	Th	232.038 06(2)	115		Uup	(288)
91	镤	Pa	231.035 88(2)	116		Uuh	(292)
92	铀	U	238.028 91(3)	117		Uus	(291)
93	镎	Np	(237)	118		Uuo	(293)

本表数据源自 2005 年 IUPAC 元素周期表（IUPAC 2005 standard atomic weights），以 $^{12}C=12$ 为标准。

本表方括号内的原子质量为放射性元素的半衰期最长的同位素质量数。

相对原子质量末位数的不确定性加注在其后的括号内。

112～118 号元素数据未被 IUPAC 确定。

附录二　常见化合物的相对分子质量

化合物	相对分子质量	化合物	相对分子质量	化合物	相对分子质量
Ag_3AsO	462.52	$AgNO_3$	169.87	$BaCO_3$	197.34
AgBr	187.78	AgSCN	165.95	BaC_2O_4	225.35
AgCl	143.32	Al_2O_3	101.96	$BaCl_2$	208.23
AgCN	133.84	$Al_2(SO_4)_2$	342.15	$BaCl_2 \cdot 2H_2O$	244.26
Ag_2CrO_4	331.73	As_2O_3	197.84	$BaCrO_4$	253.32
AgI	234.77	As_2O_5	229.84	BaO	153.33

续表

化合物	相对分子质量	化合物	相对分子质量	化合物	相对分子质量
$Ba(OH)_2$	171.35	$H_6C_4O_6$(酒石酸)	150.09	$MgCO_3$	84.32
$BaSO_4$	233.39	HCN	27.03	$MgCl_2$	95.21
$CaCO_3$	100.09	H_2CO_3	62.03	$MgNH_4PO_4$	137.33
CaC_2O_4	128.10	$H_2C_2O_4$	90.04	MgO	40.31
$CaCl_2$	110.98	$H_2C_2O_4 \cdot 2H_2O$	126.07	$Mg_2P_2O_7$	222.60
$CaCl_2 \cdot H_2O$	129.00	$HCOOH$	46.03	MnO	70.94
CaF_2	78.07	HCl	36.46	MnO_2	86.94
$Ca(NO_3)_2$	164.09	$HClO_4$	100.46	$Na_2B_4O_7$	201.22
CaO	56.08	HF	20.01	$Na_2B_4O_7 \cdot 10H_2O$	381.37
$Ca(OH)_2$	74.09	HI	127.91	$NaBiO_3$	279.97
$CaSO_4$	136.14	HNO_2	47.01	$NaBr$	102.90
$Ca_3(PO_4)_2$	310.18	HNO_3	63.01	$NaCN$	49.01
$Ce(SO_4)_2$	332.24	H_2O	18.02	Na_2CO_3	105.99
CH_3COOH	60.05	H_2O_2	34.02	$Na_2C_2O_4$	134.00
CH_3OH	32.04	H_3PO_4	98.00	$NaCl$	58.44
$CH_3 \cdot CO \cdot CH_3$	58.08	H_2S	34.08	NaF	41.99
$C_6H_5 \cdot COOH$	122.12	H_2SO_3	82.08	$NaHCO_3$	84.01
$C_6H_5 \cdot COONa$	144.10	H_2SO_4	98.08	NaH_2PO_4	119.98
$C_6H_4 \cdot COOH \cdot COOK$	204.22	$HgCl_2$	271.50	Na_2HPO_4	141.96
$CH_3 \cdot COONa$	82.03	Hg_2Cl_2	427.09	$Na_2H_2Y \cdot 2H_2O$	372.26
C_6H_5OH	94.11	$KAl(SO_4)_2 \cdot 12H_2O$	474.39	NaI	149.89
$COOH \cdot CH_2 \cdot COOH$	104.06	$KB(C_6H_5)_4$	358.33	$NaNO_3$	69.00
$COOH \cdot CH_2 \cdot COONa$		KBr	119.01	Na_2O	61.98
CCl_4	153.81	$KBrO_3$	167.01	$NaOH$	40.01
CO_2	44.01	KCN	65.12	Na_3PO_4	163.94
Cr_2O_3	151.99	K_2CO_3	138.21	Na_2S	78.05
CuO	79.54	KCl	74.56	$Na_2S \cdot 9H_2O$	240.18
Cu_2O	143.09	$KClO_3$	122.55	Na_2SO_3	126.04
$CuSCN$	121.63	$KClO_4$	138.55	Na_2SO_4	142.04
$CuSO_4$	159.61	K_2CrO_4	194.20	$Na_2SO_4 \cdot 10H_2O$	322.20
$CuSO_4 \cdot 5H_2O$	249.69	$K_2Cr_2O_7$	294.19	$Na_2S_2O_3$	158.11
$FeCl_3$	162.21	$KHC_2O_4 \cdot H_2C_2O_4 \cdot 2H_2O$	254.19	$Na_2S_2O_3 \cdot 5H_2O$	248.19
$FeCl_3 \cdot 6H_2O$	270.30	$KHC_2O_4 \cdot H_2O$	146.14	Na_2SiF_6	188.06
FeO	71.85	KI	166.01	NH_3	17.03
Fe_2O_3	159.69	KIO_3	214.00	NH_4Cl	53.49
Fe_3O_4	231.54	$KIO_3 \cdot HIO_3$	389.92	$(NH_4)_2C_2O_4 \cdot H_2O$	142.11
$FeSO_4 \cdot H_2O$	169.93	$KMnO_4$	158.04	$NH_3 \cdot H_2O$	35.05
$FeSO_4 \cdot 7H_2O$	278.02	KNO_2	85.10	$NH_4Fe(SO_4)_2 \cdot 12H_2O$	482.20
$Fe_2(SO_4)_3$	399.89	K_2O	92.20	$(NH_4)_2HPO_4$	132.05
$FeSO_4 \cdot (NH_4)_2SO_4 \cdot 6H_2O$	392.14	KOH	56.11	$(NH_4)_3HPO_4 \cdot 12MoO_3$	1876.53
H_3BO_3	61.83	$KSCN$	97.18	NH_4SCN	76.12
HBr	80.91	K_2SO_4	174.26	$(NH_4)_2SO_4$	132.14

续表

化合物	相对分子质量	化合物	相对分子质量	化合物	相对分子质量
P_2O_5	141.95	SO_3	80.06	SnO_2	150.71
$PbCrO_4$	323.18	Sb_2O_3	291.50	TiO_2	79.88
PbO	223.19	Sb_2S_3	339.70	WO_3	231.83
PbO_2	239.19	SiF_4	104.08	$ZnCl_2$	136.30
Pb_3O_4	685.57	SiO_2	60.08	ZnO	81.39
$PbSO_4$	303.26	$SnCO_3$	178.72	$Zn_2P_2O_7$	304.72
SO_2	64.06	$SnCl_2$	189.62	$ZnSO_4$	161.45

附录三　实验室常用酸碱的密度和浓度

试剂名称	密度(20℃)/$g \cdot ml^{-1}$	浓度/$mol \cdot L^{-1}$	质量分数
浓硫酸	1.84	18.0	0.960
浓盐酸	1.19	12.1	0.372
浓硝酸	1.42	15.9	0.704
磷酸	1.70	14.8	0.855
冰醋酸	1.05	17.45	0.998
浓氨水	0.90	14.53	0.566
浓氢氧化钠	1.54	19.4	0.505

附录四　常用指示剂

(一) 常用酸碱指示剂

名称	变色(pH)范围	颜色变化	配置方法
0.1%百里酚蓝	1.2～2.8	红～黄	0.1g 百里酚蓝溶于 20ml 乙醇中,加水至 100ml
0.1%甲基橙	3.1～4.4	红～黄	0.1g 甲基橙溶于 100ml 热水中
0.1%溴酚蓝	3.0～4.6	黄～紫蓝	0.1g 溴酚蓝溶于 20ml 乙醇中,加水至 100ml
0.1%溴甲酚绿	4.0～5.4	黄～蓝	0.1g 溴甲酚绿溶于 20ml 乙醇中,加水至 100 ml
0.1%甲基红	4.8～6.2	红～黄	0.1g 甲基红溶于 60ml 乙醇中,加水至 100 ml
0.1%溴百里酚蓝	6.0～7.6	黄～蓝	0.1g 溴百里酚蓝溶于 20ml 乙醇中,加水至 100 ml
0.1%中性红	6.8～8.0	红～黄橙	0.1g 中性红溶于 60ml 乙醇中,加水至 100 ml
0.2%酚酞	8.0～9.6	无～红	0.2g 酚酞溶于 90ml 乙醇中,加水至 100 ml
0.1%百里酚蓝	8.0～9.6	黄～蓝	0.1g 百里酚蓝溶于 20ml 乙醇中,加水至 100 ml
0.1%百里酚酞	9.4～10.6	无～蓝	0.1g 百里酚酞溶于 90ml 乙醇中,加水至 100 ml
0.1%茜素黄	10.1～12.1	黄～紫	0.1g 茜素黄溶于 100ml 水中

(二) 酸碱混合指示剂

指示剂溶液的组成	变色时pH	颜色		备注
		酸色	碱色	
一份 0.1%甲基黄乙醇溶液 一份 0.1%亚甲基蓝乙醇溶液	3.25	蓝紫	绿	pH=3.2 蓝紫色 pH=3.4 绿色
一份 0.1%甲基橙水溶液 一份 0.25%靛蓝二磺酸水溶液	4.1	紫	黄绿	
一份 0.1%溴甲酚绿钠盐水溶液 一份 0.2%甲基橙水溶液	4.3	橙	蓝绿	pH=3.5 黄色,pH=4.05 绿色 pH=4.3 浅绿色
三份 0.1%溴甲基酚绿乙醇溶液 一份 0.2%甲基红乙醇溶液	5.1	酒红	绿	
一份 0.1%溴甲酚绿钠盐水溶液 一份 0.1%氯酚钠盐水溶液	6.1	黄绿	蓝紫	pH=5.4 蓝绿色,pH=5.8 蓝色 pH=6.0 蓝带紫,pH=6.2 蓝紫色
一份 0.1%中性红乙醇溶液 一份 0.1%亚甲基蓝乙醇溶液	7.0	蓝紫	绿	pH=7.0 紫蓝
一份 0.1%甲酚红钠盐水溶液 三份 0.1%百里酚蓝钠盐水溶液	8.3	黄	紫	pH=8.2 玫瑰红 pH=8.4 清晰的紫色
一份 0.1%百里酚蓝 50%乙醇溶液 三份 0.1%酚酞 50%乙醇溶液	9.0	黄	紫	从黄到绿,再到紫
一份 0.1%酚酞乙醇溶液 一份 0.1%百里酚酞乙醇溶液	9.9	无	紫	pH=9.6 玫瑰红 pH=10 紫红
二份 0.1%百里酚酞乙醇溶液 一份 0.1%茜素黄乙醇溶液	10.2	黄	紫	

(三) 沉淀及金属指示剂

名称	颜色		配制方法
	游离	化合物	
铬酸钾	黄	砖红	5%水溶液
硫酸铁铵,40%	无色	血红	$NH_4Fe(SO_4)_2$ 饱和水溶液,加数滴浓 H_2SO_4
荧光黄,0.5%	绿色荧光	玫瑰红	0.50g 荧光黄溶于乙醇,并用乙醇稀释至 100ml
铬黑 T	蓝	酒红	(1)2g 铬黑 T 溶于 15ml 三乙醇胺及 5ml 甲醇中; (2)1g 铬黑 T 与 100gNaCl 研细、混匀(1∶100)
钙指示剂	蓝	红	0.5g 钙指示剂与 100g NaCl 研细、混匀
二甲酚橙,0.5%	黄	红	0.5g 二甲酚橙溶于 100ml 去离子水中
K-B 指示剂	蓝	红	0.5g 酸性铬蓝 K 加 1.25g 萘酚绿 B,再加 $25gK_2SO_4$ 研细,混匀
GA XL、混匀磺基水杨酸	无	红	10%水溶液
PAN 指示剂,0.2%	黄	红	0.2gPAN 溶于 100ml 乙醇中
邻苯二酚紫,0.1%	紫	蓝	0.1g 邻苯二酚紫溶于 100ml 去离子水中

(四) 氧化还原指示剂

名称	变色电势	颜色		配制方法
	φ/V	氧化态	还原态	
二苯胺,1%	0.76	紫	无色	1g 二苯胺在搅拌下溶于 100ml 浓硫酸和 100ml 浓磷酸,储于棕色瓶中
二苯胺磺酸钠,0.5%	0.85	紫	无色	0.5g 二苯胺磺酸钠溶于 100ml 水中,必要时过滤
邻菲啰啉硫酸亚铁,0.5%	1.06	淡蓝	红	0.5 g $FeSO_4 \cdot 7H_2O$ 溶于 100ml 水中,加 2 滴硫酸,加 0.5g 邻菲啰啉
邻苯氨基苯甲酸,0.2%	1.08	红	无色	0.2g 邻苯氨基苯甲酸加热溶解在 100ml0.2% Na_2CO_3 溶液中,必要时过滤
淀粉,0.2%				2g 可溶性淀粉,加少许水调成浆状,在搅拌下注入 1000ml 沸水中,微沸 2min,放置,取上层溶液使用(若要保持稳定,可在研磨淀粉时加入 10mgHgI_2)

附录五　常用基准物质的干燥条件和应用

基准物质		干燥后的组成	干燥条件/℃	标定对象
名称	分子式			
碳酸氢钠	$NaHCO_3$	Na_2CO_3	270～300	酸
碳酸钠	$Na_2CO_3 \cdot 10H_2O$	Na_2CO_3	270～300	酸
硼砂	$Na_2B_4O_7 \cdot 10H_2O$	$Na_2B_4O_7 \cdot 10H_2O$	放在含 NaCl 和蔗糖饱和液的干燥器中	酸
碳酸氢钾	$KHCO_3$	K_2CO_3	270～300	酸
草酸	$H_2C_2O_4 \cdot 2H_2O$	$H_2C_2O_4 \cdot 2H_2O$	室温空气干燥	碱或 $KMnO_4$
邻苯二甲酸氢钾	$KHC_8H_4O_4$	$KHC_8H_4O_4$	110～120	碱
重铬酸钾	$K_2Cr_2O_7$	$K_2Cr_2O_7$	140～150	还原剂
溴酸钾	$KBrO_3$	$KBrO_3$	130	还原剂
碘酸钾	KIO_3	KIO_3	130	还原剂
铜	Cu	Cu	室温干燥器中保存	还原剂
三氧化二砷	As_2O_3	As_2O_3	同上	氧化剂
草酸钠	$Na_2C_2O_4$	$Na_2C_2O_4$	130	氧化剂
碳酸钙	$CaCO_3$	$CaCO_3$	110	EDTA
硝酸铅	$Pb(NO_3)_2$	$Pb(NO_3)_2$	室温干燥器中保存	EDTA
氧化锌	ZnO	ZnO	900～1000	EDTA
锌	Zn	Zn	室温干燥器中保存	EDTA
氯化钠	NaCl	NaCl	500～600	$AgNO_3$
氯化钾	KCl	KCl	500～600	$AgNO_3$
硝酸银	$AgNO_3$	$AgNO_3$	220～250	氯化物

附录六　常用缓冲溶液的配制

缓冲溶液的组成	缓冲液 pH	配制方法
乙醇-醋酸铵缓冲液	3.7	取5mol·L^{-1}醋酸溶液 15.0ml,加乙醇 60ml 和水 20ml,用 10mol·L^{-1}氢氧化铵溶液调节 pH 至 3.7,用水稀释至 1000ml
三羟甲基氨基甲烷缓冲液	8.0	取三羟甲基氨基甲烷 12.14g,加水 800ml,搅拌溶解,并稀释至 1000ml,用 6mol·L^{-1}盐酸溶液调节 pH 至 8.0
巴比妥缓冲液	7.4	取巴比妥钠 4.42g,加水使溶解并稀释至 400ml,用 2mol·L^{-1}盐酸溶液调节 pH 至 7.4
巴比妥-氯化钠缓冲液	7.8	取巴比妥钠 5.05g,加氯化钠 3.7g 及水适量使溶解,另取明胶 0.5g 加水适量,加热溶解后并入上述溶液中。然后用 0.2mol·L^{-1}盐酸溶液调节 pH 至 7.8,再用水稀释至 500ml
枸橼酸盐缓冲液	6.2	取2.1%枸橼酸水溶液,用 50%氢氧化钠溶液调节 pH 至 6.2
邻苯二甲酸盐缓冲液	5.6	取邻苯二甲酸氢钾 10g,加水 900ml,搅拌使溶解
氨-氯化铵缓冲液	10.0	取氯化铵 5.4g,加水 20ml 溶解后,加浓氯溶液 35ml,再加水稀释至 100ml
硼砂-碳酸钠缓冲液	10.8～11.2	取无水碳酸钠 5.30g,加水使溶解成 1000ml;另取硼砂 1.91g,加水使溶解成 100ml。临用前取碳酸钠溶液 973ml 与硼砂溶液 27ml,混匀
醋酸-醋酸钠缓冲液	4.6	取醋酸钠 5.4g,加水 50ml 使溶解,用冰醋酸调节 pH 至 4.6,再加水稀释至 100ml
醋酸-醋酸铵缓冲液	4.5	取醋酸铵 7.7g,加水 50ml 溶解后,加冰醋酸 6ml 与适量的水使成 100ml
磷酸盐缓冲液	5.0	取0.2mol·L^{-1}磷酸二氢钠溶液一定量,用氢氧化钠试液调节 pH 至 5.0

注:缓冲液配制后可用 pH 试纸检查。如 pH 不对,可用共轭酸或碱调节。pH 欲调节精确时,可用 pH 计调节。

附录七　常用试剂的配制

试剂名称	配制方法
一氯化碘试液	取碘化钾 0.14g 与碘酸钾 90mg,加水 125ml 使溶解,再加盐酸 125ml,本液应置玻璃瓶内,密闭,在凉处保存
N-乙酰-L-酪氨酸乙酯试液	取N-乙酰-L-酪氨酸乙酯 24.0mg,加乙醇 0.2ml 使溶解,加磷酸盐缓冲液(取 0.067mol·L^{-1}磷酸二氢钾溶液 38.9ml 与 0.067mol·L^{-1}磷酸氢二钠溶液 61.6ml,混合,pH 为 7.0)2ml,加指示液(取等量的 0.1%甲基红的乙醇溶液与 0.05%亚甲蓝的乙醇溶液,混匀)1ml,用水稀释至 10ml
乙醇制对二甲氨基苯甲醛试液	取对二甲氨基苯甲醛 1g,加乙醇 9.0ml 与盐酸 2.3ml 使溶解,再加乙醇至 100ml
乙醇制氨试液	取无水乙醇,加浓氨溶液使每 100ml 中含 NH_3 9～11g。本液应置橡皮塞瓶中保存
乙醇制硝酸银试液	取硝酸银 4g,加水 10ml 溶解后,加乙醇使成 100ml,即得乙醇制溴化汞试液,取溴化汞 2.5g,加乙醇 50ml,微热使溶解。本液应置玻璃塞瓶内,在暗处保存
二苯胺试液	取二苯胺 1g,加硫酸 100ml 使溶解

续表

试剂名称	配制方法
二硝基苯试液	取间二硝基苯 2g,加乙醇使溶解成 100ml
二氯化汞试液	取二氯化汞 6.5g,加水使溶解成 100ml
丁二酮肟试液	取丁二酮肟 1g,加乙醇 100ml 使溶解
三氯化铁试液	取三氯化铁 9g,加水使溶解成 100ml
三氯醋酸试液	取三氯醋酸 6g,加氯仿 25ml 溶解后,加 30%过氧化氢溶液 0.5ml,摇匀
五氧化二钒试液	取五氧化二钒适量,加磷酸激烈振摇 2h 后得其饱和溶液,用垂熔玻璃漏斗滤过,取滤液 1 份加水 3 份,混匀
水合氯醛试液	取水合氯醛 50g,加水 15ml 与甘油 10ml 使溶解
水杨酸铁试液	(1) 取硫酸铁铵 0.1g,加稀硫酸 2ml 与水适量使成 100ml;(2) 取水杨酸钠 1.15g,加水使溶解成 100ml;(3) 取醋酸钠 13.6g,加水使溶解成 100ml;(4) 取上述硫酸铁铵溶液 1ml,水杨酸钠溶液 0.5ml,醋酸钠溶液 0.8ml 与稀醋酸 0.2ml,临用前混合,加水使成 5ml,摇匀
甘油醋酸试液	取甘油、50%醋酸与水各 1 份,混合
对二甲氨基苯甲醛试液	取对二甲氨基苯甲醛 0.125g,加无氮硫酸 65ml 与水 35ml 的冷混合液溶解后,加三氯化铁试液 0.05ml,摇匀。本液配制后 7 日即不适用
对甲苯磺酰-L-精氨酸甲酯盐酸盐试液	取对甲苯磺酰-L-精氨酸甲酯盐酸盐 98.5mg,加三羟甲基氨基甲烷缓冲液(pH8.1)5ml 使溶解,加指示液(取等量 0.1%甲基红的乙醇溶液与 0.05%亚甲蓝的乙醇溶液,混匀)0.25ml,用水稀释至 25ml
对氨基苯磺酸-α-萘胺试液	取无水对氨基苯磺酸 0.5g,加醋酸 150ml 溶解后,另取盐酸-α-萘胺 0.1g,加醋酸 150ml 使溶解,将两液混合。本液久置显粉红色,用时可加锌粉脱色
对羟基联苯试液	取对羟基联苯 1.5g,加 5%氢氧化钠溶液 10ml 与水少量溶解后,再加水稀释至 100ml。本液储存于棕色瓶中,可保存数月
亚铁氰化钾试液	取亚铁氰化钾 1g,加水 10ml 使溶解。本液应临用新制
亚硫酸氢钠试液	取亚硫酸氢钠 10g,加水使溶解成 30ml,即得。本液应临用新制。
亚硫酸钠试液	取无水亚硫酸钠 20g,加水 100ml 使溶解。本液应临用新制
亚硝基铁氰化钠试液	取亚硝基铁氰化钠 1g,加水使溶解成 20ml,本液应临用新制
亚硝基铁氰化钠乙醛试液	取1%亚硝基铁氰化钠溶液 10ml,加乙醛 1ml,混匀
亚硝酸钴钠试液	取亚硝酸钴钠 10g,加水使溶解成 50ml,滤过
亚硝酸钠试液	取亚硝酸钠 1g,加水使溶解成 100ml
血红蛋白试液	取牛血红蛋白 1g,加盐酸溶液(取 1mol · L^{-1} 盐酸溶液 65ml,加水至 1000ml)使溶解成 100ml。本液置冰箱中保存,2 日内使用
过氧化氢试液	取浓过氧化氢溶液(30%),加水稀释成 3%的溶液
次氯酸钠试液	取含氯石灰 20g,缓缓加水 100ml,研磨成均匀的混悬液后,加 14%碳酸钠溶液 100ml,随加随搅拌,用湿滤纸滤过,分取滤液 5ml,加碳酸钠试液数滴,如显浑浊,再加适量的碳酸钠溶液使石灰完全沉淀,滤过。含 NaClO 应不少于 4%。本液应置棕色瓶内,在暗处保存
次溴酸钠试液	取氢氧化钠 20g,加水 75ml 溶解后,加溴 5ml,再加水稀释至 100ml,本液应临用新制
邻苯二醛试液	取邻苯二醛 1.0g,加甲醇 5ml 与 0.4mol · L^{-1} 硼酸溶液(用 45%氢氧化钠溶液调节 pH 至 10.4)95ml,振摇使邻苯二醛溶解,加硫乙醇酸 2ml,用 45%氢氧化钠溶液调节 pH 至 10.4
间苯二酚试液	取间苯二酚 1g,加盐酸使溶解成 100ml。间苯三酚试液 取间苯三酚 0.5g,加乙醇使溶解成 25ml,本液应置玻璃塞瓶内,在暗处保存

续表

试剂名称	配制方法
含碘酒石酸铜试液	取硫酸铜 7.5g、酒石酸钾钠 25g、无水碳酸钠 25g、碳酸氢钠 20g 与碘化钾 5g，依次溶于 800ml 水中；另取碘酸钾 0.535g，加水适量溶解后，缓缓加入上述溶液中，再加水使成 1000ml
苯酚二磺酸试液	取新蒸馏的苯酚 3g，加硫酸 20ml，置水浴上加热 6h，趁其尚未凝固时倾入玻璃塞瓶内。用时可置水浴上微热使融化
茚三酮试液	取茚三酮 2g，加乙醇使溶解成 100ml
草酸试液	取草酸 6.3g，加水使溶解成 100ml，即得。草酸铵试液 取草酸铵 3.5g，加水使溶解成 100ml
氢氧化四甲基铵试液	取10％氢氧化四甲基铵溶液 1ml，加无水乙醇使成 10ml
氢氧化钙试液	取氢氧化钙 3g，置玻璃瓶内，加水 1000ml，密塞，时时猛力振摇，放置 1h，用时倾取上层的清液
氢氧化钠试液	取氢氧化钠 4.3g，加水使溶解成 100ml
氢氧化钡试液	取氢氧化钡，加新沸过的冷水使成饱和的溶液，本液应临用新制
氢氧化钾试液	取氢氧化钾 6.5g，加水使溶解成 100ml
氟化钠试液	取氟化钠 0.5g，加 0.1mol · L^{-1}盐酸溶液使溶解成 100ml，本液应临用新配
重铬酸钾试液	取重铬酸钾 7.5g，加水使溶解成 100ml，即得。重氮二硝基苯胺试液取 2,4-二硝基苯胺 50mg，加盐酸 1.5ml 溶解后，加水 1.5ml，置冰浴中冷却，滴加 10％亚硝酸钠溶液 5ml，随加随振摇
重氮对硝基苯胺试液	取对硝基苯胺 0.4g，加稀盐酸 20ml 与水 40ml 使溶解，冷却至 15℃，缓缓加入 10％亚硝酸钠溶液，至取溶液 1 滴能使碘化钾淀粉试纸变为蓝色，本液应临用新制
重氮苯磺酸试液	取对氨基苯磺酸 1.57g，加水 80ml 与稀盐酸 10ml，在水浴上加热溶解后，放冷至 15℃，缓缓加入亚硝酸钠溶液(1→10)6.5ml，随加随搅拌，再加水稀释至 100ml，本液应临用新制
盐酸羟胺试液	取盐酸羟胺 3.5g，加 60％乙醇使溶解成 100ml
钼硫酸试液	取钼酸铵 0.1g，加硫酸 10ml 使溶解
钼酸铵试液	取钼酸铵 10g，加水使溶解成 100ml
钼酸铵硫酸试液	取钼酸铵 2.5g，加硫酸 15ml，加水使溶解成 100ml，本液配制后 2 周即不适用
铁氨氰化钠试液	取铁氨氰化钠 1g，加水使溶解成 100ml
稀铁氰化钾试液	取1％铁氰化钾溶液 10ml，加 5％三氯化铁溶液 0.5ml 与水 40ml，摇匀
氨试液	取浓氨溶液 400ml，加水使成 1000ml
氨制硝酸银试液	取硝酸银 1g，加水 20ml 溶解后，滴加氨试液，随加随搅拌，至初起的沉淀将近全溶，滤过。本液应置棕色瓶内，在暗处保存
氨制氯化铵试液	取浓氨试液，加等量的水稀释后，加氯化铵使饱和
氨制氯化铜试液	取氯化铜 22.5g，加水 200ml 溶解后，加浓氨试液 100ml，摇匀
高碘酸钠试液	取高碘酸钠 1.2g，加水 100ml 使溶解
高锰酸钾试液	可取用高锰酸钾滴定液(0.02mol · L^{-1})
硅钨酸试液	取硅钨酸 10g，加水使溶解成 100ml
铜吡啶试液	取硫酸铜 4g，加水 90ml 溶解后，加吡啶 30ml。本液应临用新制
铬酸钾试液	取铬酸钾 5g，加水使溶解成 100ml
硝酸亚汞试液	取硝酸亚汞 15g，加水 90ml 与稀硝酸 10ml 使溶解。本液应置棕色瓶内，加汞 1 滴，密塞保存
硝酸亚铈试液	取硝酸亚铈 0.22g，加水 50ml 使溶解，加硝酸 0.1ml 与盐酸羟胺 50mg，加水稀释至 1000ml，摇匀
硝酸汞试液	取黄氧化汞 40g，加硝酸 32ml 与水 15ml 使溶解。本液应置玻璃塞瓶内，在暗处保存
硝酸钡试液	取硝酸钡 6.5g，加水使溶解成 100ml

续表

试剂名称	配制方法
硫化铵试液	取氨试液60ml,通硫化氢使饱和后,再加氨试液40ml。本液应置棕色瓶内,在暗处保存,本液如发生大量的硫沉淀,即不适用
硫酸钙试液	本液为硫酸钙的饱和水溶液。硫酸钛试液 取二氧化钛0.1g,加硫酸100ml,加热使溶解,放冷
硫酸钾试液	取硫酸钾1g,加水使溶解成100ml
硫酸铜试液	取硫酸铜12.5g,加水使溶解成100ml
硫酸铜铵试液	取硫酸铜试液适量,缓缓滴加氨试液,至初生的沉淀将近完全溶解,静置,倾取上层的清液。本液应临用新制
硫酸镁试液	取未风化的硫酸镁结晶12g,加水使溶解成100ml
氰化钾试液	取氰化钾10g,加水使溶解成100ml
稀盐酸	取盐酸234ml,加水稀释至1000ml。本液含HCl应为9.5%~10.5%
稀硫酸	取硫酸57ml,加水稀释至1000ml。本液含H_2SO_4应为9.5%~10.5%
稀硝酸	取硝酸105ml,加水稀释至1000ml。本液含HNO_3应为9.5%~10.5%
稀醋酸	取冰醋酸60ml,加水稀释至1000ml
氯化亚锡试液	取氯化亚锡1.5g,加水10ml与少量的盐酸使溶解。本液应临用新制
氯化金试液	取氯化金1g,加水35ml使溶解
氯化钙试液	取氯化钙7.5g,加水使溶解成100ml
氯化钡试液	取氯化钡的细粉5g,加水使溶解成100ml
氯化钴试液	取氯化钴2g,加盐酸1ml,加水溶解并稀释至100ml
氯化铂试液	取氯化铂2.6g,加水使溶解成20ml
氯化铵试液	取氯化铵10.5g,加水使溶解成100ml
碘化钾试液	取碘化钾16.5g,加水使溶解成100ml,本液应临用新制
碘化镉试液	取碘化镉5g,加水使溶解成100ml
溴化钾溴试液	取溴30g与溴化钾30g,加水使溶解成100ml
碱性酒石酸铜试液	(1)取硫酸铜结晶6.93g,加水使溶解成100ml;(2)取酒石酸钾钠结晶34.6g与氢氧化钠10g,加水使溶解成100ml。用时将两液等量混合
碳酸氢钠试液	取碳酸氢钠5g,加水使溶解成100ml
碳酸钠试液	取一水合碳酸钠12.5g或无水碳酸钠10.5g,加水使溶解成100ml,即得。碳酸钾试液 取无水碳酸钾7g,加水使溶解成100ml
碳酸铵试液	取碳酸铵20g与氨试液20ml,加水使溶解成100ml
醋酸汞试液	取醋酸汞5g,研细,加温热的冰醋酸使溶解成100ml。本液应置棕色瓶内,密闭保存
醋酸钠试液	取醋酸钠结晶13.6g,加水使溶解成100ml
醋酸钴试液	取醋酸钴0.1g,加甲醇使溶解成100ml
醋酸钾试液	取醋酸钾10g,加水使溶解成100ml
醋酸铜试液	取醋酸铜0.1g,加水5ml与醋酸数滴溶解后,加水稀释至100ml,滤过
磷钨酸试液	取磷钨酸1g,加水使溶解成100ml
磷钨酸钼试液	取钨酸钠10g与磷钼酸2.4g,加水70ml与磷酸5ml,回流煮沸2h,放冷,加水稀释至100ml,摇匀。本液应置玻璃瓶内,在暗处保存
磷酸氢二钠试液	取磷酸氢二钠结晶12g,加水使溶解成100ml
鞣酸试液	取鞣酸1g,加乙醇1ml,加水溶解并稀释至100ml。本液应临用时新制

附录八 常见离子和化合物的颜色

一、离 子

1. 无色离子

阳离子：Na^+ K^+ NH_4^+ Mg^{2+} Ca^{2+} Ba^{2+} Al^{3+} Sn^{2+} Sn^{4+} Pb^{2+} Bi^{3+} Ag^+ Zn^{2+} Cd^{2+} Hg_2^{2+} Hg^{2+}

阴离子：BO^{2-} $C_2O_4^{2-}$ Ac^- CO_3^{2-} SiO_3^{2-} NO_3^- NO_2^- PO_4^{3-} MoO_4^{2-} SO_3^{2-} SO_4^{2-} S^{2-} $S_2O_3^{2-}$ F^- Cl^- ClO_3^- Br^- BrO_3^- I^- SCN^- $[CuCl_2]^-$

2. 有色离子

$[Cu(H_2O_4)_4]^{2+}$	$[CuCl]^{2+}$	$[Cu(NH_3)_4]^{2+}$	$[Cr(H_2O)_6]^{2+}$	$[Cr(H_2O)_6]^{3+}$
浅蓝色	黄色	深蓝色	蓝色	紫色

$[Cr(H_2O)_5Cl]^{2+}$	$[Cr(H_2O)_4Cl_2]^+$	$[Cr(NH_3)_2(H_2O)_4]^{3+}$
浅绿色	暗绿色	紫红色

$[Cr(NH_3)_3(H_2O)_3]^{3+}$	$[Cr(NH_3)_4(H_2O)_2]^{3+}$	$[Cr(NH_3)_5H_2O]^{2+}$
浅红色	橙红色	橙黄色

$[Cr(NH_3)_6]^{3+}$	CrO_2^-	CrO_4^{2-}	$Cr_2O_7^{2-}$	$[Mn(H_2O)]^{2+}$	MnO_4^{2-}	MnO_4^-
黄色	绿色	黄色	橙色	肉色	绿色	紫红色

$FeCl_6^{2-}$	FeF_6^{3-}	$[Fe(C_2O_6)_3]^{3-}$	$[Fe(SCN)_n]^{3-n}$	$[Fe(H_2O)_6]^{2+}$
黄色	无色	黄色	血红色	浅绿色

$[Fe(H_2O)_6]^{3+}$	$[Fe(CN)_6]^{4-}$	$[Fe(CN)_6]^{3-}$	$[Co(H_2O)_6]^{3+}$	$[Co(NH_3)_6]^{2+}$
淡紫色	黄色	浅橘黄色	粉红色	黄色

$[Co(NH_3)_6]^{3+}$	$[CoCl(NH_3)_5]^{2+}$	$[Co(NH_3)_5(H_2O)]^{3+}$	$[Co(NH_3)_4CO_3]^+$
橙黄色	红紫色	粉红色	紫红色

$[Co(CN)_6]^{3-}$	$[Co(SCN)_4]^{2-}$	$[Ni(H_2O)_6]^{2+}$	$[Ni(NH_3)_6]^{2+}$	I_3^-
紫色	蓝色	亮绿色	蓝色	浅棕黄色

二、化 合 物

1. 氧化物

CuO	Cu_2O	Ag_2O	ZnO	Hg_2O	HgO	TiO_2	V_2O_3
黑色	暗红色	暗棕色	白色	黑色	红色或黄色	白色或橙红色	黑色

VO_2	V_2O_5	Cr_2O_3	CrO_3	MnO_2	FeO	Fe_2O_3	CoO	Co_2O_3
深蓝色	红棕色	绿色	红色	棕褐色	黑色	砖红色	灰绿色	黑色

NiO	Ni_2O_3	PbO	Pb_3O_4
暗绿色	黑色	黄色	红色

2. 氢氧化物

$Zn(OH)_2$	$Pb(OH)_2$	$Mg(OH)_2$	$Sn(OH)_2$	$Sn(OH)_4$	$Mn(OH)_2$
白色	白色	白色	白色	白色	白色

$Fe(OH)_2$	$Fe(OH)_3$	$Cd(OH)_2$	$Al(OH)_3$	$Bi(OH)_3$	$Sb(OH)_3$
白色	红棕色	白色	白色	白色	白色

$Cu(OH)_2$	$CuOH$	$Ni(OH)_2$	$Ni(OH)_3$	$Co(OH)_2$	$Co(OH)_3$	$Cr(OH)_3$
浅蓝色	黄色	浅绿色	黑色	粉红色	褐棕色	灰绿色

3. 氯化物

$AgCl$	Hg_2Cl_2	$PbCl_2$	$CuCl$	$CuCl_2$	$CuCl_2 \cdot 2H_2O$	$Hg(NH_3)Cl$	$CoCl_2$
白色	白色	白色	白色	棕色	蓝色	白色	蓝色

$CoCl_2 \cdot H_2O$	$CoCl_2 \cdot 2H_2O$	$CoCl_2 \cdot 6H_2O$	$FeCl_3 \cdot 6H_2O$
蓝紫色	紫红色	粉红色	黄棕色

4. 溴化物

$AgBr$	$CuBr_2$	$PbBr_3$
淡黄色	黑紫色	白色

5. 碘化物

AgI	Hg_2I_2	HgI_2	PbI_2	CuI
黄色	黄褐色	红色	黄色	白色

6. 卤酸盐

$Ba(IO_3)_2$	$AgIO_3$	$KClO_4$	$AgBrO_3$
白色	白色	白色	白色

7. 硫化物

Ag_2S	HgS	PbS	CuS	Cu_2S	FeS	Fe_2S_3	SnS	SnS_2
灰黑色	红色或黑色	黑色	黑色	黑色	棕黑色	黑色	灰黑色	金黄色

CdS	Sb_2S_3	Sb_2S_5	MnS	ZnS	As_2S_3
黄色	橙色	橙红色	肉色	白色	黄色

8. 硫酸盐

Ag_2SO_4	Hg_2SO_4	$PbSO_4$	$CaSO_4$	$BaSO_4$	$[Fe(NO)]SO_4$	$Cu_2(OH)_2SO_4$
白色	白色	白色	白色	白色	深棕色	浅蓝色

$CuSO_4 \cdot 5H_2O$	$CoSO_4 \cdot 7H_2O$	$Cr_2(SO_4)_3 \cdot 6H_2O$	$Cr_2(SO_4)_3$
蓝色	红色	绿色	紫色或红色

$Cr_2(SO_4)_3 \cdot 18H_2O$
蓝紫色

9. 碳酸盐

Ag_2CO_3	$CaCO_3$	$BaCO_3$	$MnCO_3$	$CaCO_3$	$Zn_2(OH)_2CO_3$	$FeCO_3$
白色	白色	白色	白色	白色	白色	白色

$Cu_2(OH)_2CO_3$	$Ni_2(OH)_2CO_3$
暗绿色	浅绿色

10. 磷酸盐

$Ca_3(PO_4)_2$	$CaHPO_4$	$Ba_3(PO_4)_2$	$FePO_4$	Ag_3PO_4	$MgNH_4PO_4$
白色	白色	白色	浅黄色	黄色	白色

11. 铬酸盐

Ag_2CrO_4	$PbCrO_4$	$BaCrO_4$	$FeCrO_4 \cdot 2H_2O$	$CaCrO_4$
砖红色	黄色	黄色	黄色	黄色

12. 硅酸盐

$BaSiO_3$	$CuSiO_3$	$CoSiO_3$	$Fe_2(SiO_3)_3$	$MnSiO_3$	$NiSiO_3$	$ZnSiO_3$
白色	蓝色	紫色	棕红色	肉色	翠绿色	白色

13. 草酸盐

CaC_2O_4	$Ag_2C_2O_4$	$FeC_2O_4 \cdot 2H_2O$
白色	白色	黄色

14. 类卤化合物

AgCN	$Ni(CN)_2$	$Cu(CN)_2$	CuCN	AgSCN	$Cu(SCN)_2$
白色	浅绿色	浅棕黄色	白色	白色	黑绿色

15. 其他含氧酸盐

$Ag_2S_2O_3$	$BaSO_3$
白色	白色

16. 其他化合物

$Fe_4[Fe(CN)_6]_3 \cdot xH_2O$	$Cu_2[Fe(CN)_6]$	$Ag_3[Fe(CN)_6]$	$Zn_3[Fe(CN)_6]_2$
蓝色	红棕色	橙色	黄褐色
$Co_2[Fe(CN)_6]$	$Ag_4[Fe(CN)_6]$	$Zn_2[Fe(CN)_6]$	$K_3[Co(NO_2)_6]$
绿色	白色	白色	黄色

$K_2Na[Co(NO_2)_6]$	$(NH_4)_2Na[Co(NO_2)_6]$	$K_2[PtCl_6]$
黄色	黄色	黄色

$Na_2[Fe(CN)_5NO] \cdot 2H_2O$	$NaAc \cdot Zn(Ac)_2 \cdot 3[UO_2(Ac)_2] \cdot 9H_2O$
红色	黄色

参考文献

蔡炳新，陈贻文．2007. 基础化学实验．第 2 版．北京:科学出版社

蓝琪田．1993. 分析化学实验与指导．北京:中国医药科技出版社

李东辉，贾云宏，汪敏．2002. 医用基础化学实验指导．北京:中国科学技术出版社

祁玉成，王屹．2003. 分析化学实验．青岛:中国海洋大学出版社

孙莲，常军民．2007. 医用基础化学实验．北京:科学出版社

田秋霖，杨左海，袁丁．2006. 医学基础化学实验技术指导．武汉:湖北科学技术出版社

王钦．2008. 医学基础实验教程[专著]·医学化学实验分册．北京:人民卫生出版社

魏祖期．2008. 基础化学．北京:人民卫生出版社

张春荣，吕苏琴，揭念芹．2007. 基础化学实验．第 2 版．北京:科学出版社

张达生，李光道．1994. 医学基础化学实验．武汉:湖北科学技术出版社

邹学贤．2006. 分析化学．北京:人民卫生出版社